Das Image der Schweiz im Ausland

Martial Pasquier
Mirja Weiss Richard
Nadia Yersin

Haupt

Das Image der Schweiz im Ausland

Mit Fallbeispiel China

Martial Pasquier
Mirja Weiss Richard
Nadia Yersin

Haupt Verlag
Bern · Stuttgart · Wien

Martial Pasquier, Prof. Dr. rer. pol., ist ordentlicher Professor für Public Management und Public Marketing am Hochschulinstitut für öffentliche Verwaltung (Institut de hautes études en administration publique IDHEAP).

Mirja Weiss Richard, Dr. rer. pol., erwarb das Lizentiat und den Doktortitel in Betriebswirtschaftslehre der Universität Bern. Sie ist heute als selbständige Beraterin in den Bereichen Marketing sowie Markt- und Kundenforschung tätig.

Nadia Yersin, lic. phil. und MA, hält ein Lizentiat der Philosophischen Fakultät und einen Master in Public Management des IDHEAP. Zurzeit arbeitet sie als Projektverantwortliche für das Stadtmarketing der Stadt Lausanne.

Dieses Buch erscheint gleichzeitig in einer französischen Ausgabe
in der Edition IDHEAP, Lausanne:
«L'image de la Suisse à l'étranger», ISBN: 978-2-940390-21-2

Dieses Buch erscheint mit freundlicher Unterstützung
der Schweizerischen Gesellschaft für Marketing

1. Auflage: 2009

Bibliografische Information der *Deutschen Nationalbibliothek*
Die Deutsche Nationalbibliothek verzeichnet diese Publikation
in der Deutschen Nationalbibliografie; detaillierte bibliografische
Daten sind im Internet über http://dnb.d-nb.de abrufbar.

ISBN 978-3-258-07553-2

Herstellung: Paulusdruckerei, CH-Freiburg
Printed in Switzerland
www.haupt.ch

Inhaltsverzeichnis

Abbildungsverzeichnis

Tabellenverzeichnis

Einleitung

Die Schweiz ist bekannt für ihre typischen Produkte wie Schokolade, Käse oder Armeemesser. Sie ist es auch in Bezug auf ihre typischen Branchen – die Banken und die Uhren- und Schmuckindustrie. Auch das Matterhorn, Heidi und schöne Landschaften fallen beim Stichwort Schweiz häufig. So die gängigen Bilder und Klischees zur Schweiz.

Wie aber wird die Schweiz im Ausland wirklich gesehen? Welche weiteren Facetten werden mit der Schweiz verbunden? Wo liegen die Stärken und Schwächen der Schweiz im Vergleich zu anderen Ländern? Wie einheitlich ist das Bild der Schweiz im Ausland? Was wissen Menschen im Ausland über die Schweiz?

Diese Fragen stehen im Zentrum dieses Buches. Sie beziehen sich auf verschiedenste Aspekte des Images der Schweiz im Ausland und sind – da Landesimages Entscheide von Konsumenten, Investoren, Politikern etc. beeinflussen – für Wirtschaft und Politik von grossem Interesse.

Aus wirtschaftlicher Sicht interessieren die Antworten auf diese Fragen, weil das Image der Schweiz eine attraktive Grundlage für die Positionierung von Produkten und Dienstleistungen bietet. Unternehmen wie Ricola, Caran d'Ache oder Lindt & Sprüngli – aber auch viele andere, weniger bekannte Unternehmen – betonen die Herkunft Schweiz, um bestimmte, positiv bewertete Dimensionen des Images der Schweiz auf ihre Produkte zu übertragen. Da für einen solchen Image-Transfer vor allem die besonders profilierten Imagedimensionen geeignet sind, benötigen Unternehmen, welche die Herkunft Schweiz im Rahmen der Positionierung ihrer Produkte und Dienstleistungen gezielt nutzen wollen, fundiertes Wissen über das Image der Schweiz, insbesondere über dessen Stärken und Schwächen gegenüber bestimmten Konkurrenzländern.

Die Antworten auf obenstehende Fragen interessieren aber auch aus politischer Sicht. In der Schweiz ist man sich bewusst, dass das Image der Schweiz im Ausland nicht nur für die Exportwirtschaft, sondern auch für den Tourismus, für Direktinvestitionen, für internationale Beziehungen – und somit indirekt auch für den Wohlstand der Schweiz – eine bedeutende Rolle spielt.

Die Schweiz geniesst im Ausland seit Jahren ein insgesamt sehr positives Image, welches punktuellen Negativmeldungen gegenüber ziemlich stabil ist. In letzter Zeit sah sich die Schweiz jedoch wiederholt mit heftiger Kritik aus dem Ausland konfrontiert. Zu erwähnen ist hier insbesondere die Kritik, welche im Zusammenhang mit dem Bankgeheimnis und der Steuerhinterziehung am Finanzplatz Schweiz geübt wird, oder die Diskussionen um die nachrichtenlosen Vermögen. Auch der Volksentscheid gegen einen Beitritt der Schweiz zur Europäischen Union (EU) hat im Ausland zu Diskussionen, in gewissen Ländern gar zu einem Prestigeverlust geführt.[1] Diese Kritik hat denn auch wesentlich dazu beigetragen, dass das Interesse für Imagefragen in der Schweiz stark zugenommen hat und die Forderung nach einer intensiveren Imagepflege gestellt wurde.

Um den anspruchsvollen Anforderungen einer zeitgemässen Pflege des Images zu genügen, wurde die zuvor für die Imagepflege zuständige Koordinationskommission (KOKO) im Jahre 2000 durch die neu geschaffene Organisation Präsenz Schweiz (PRS) abgelöst.[2] Seither setzt sich Präsenz Schweiz – zusammen mit verschiedenen Partnern – für das Erscheinungsbild der Schweiz im Ausland ein. Je nach Sachlage gilt es Wahrnehmungsdefizite gegenüber der Realität zu beheben, zu wenig bekannte Facetten der Schweiz bekannt zu machen oder oberflächliche Assoziationen gezielt zu nuancieren. Zur Erfüllung der ihr übertragenen Aufgaben stützt sich Präsenz Schweiz auf die Ergebnisse empirischer Studien zum Image der Schweiz, welche sie zwischen 2000 und 2006 in insgesamt sieben Ländern durchführen liess. Dabei gilt es darauf hinzuweisen, dass sich diese Studien nicht auf die Erfassung des sog. «Made in»-Images – das Image von Schweizer Produkten und Unternehmen – beschränken, sondern auch verschiedene weitere Facetten eines Landes (sog. «Live in»-Images) berücksichtigen.[3]

Die mit dieser Publikation verfolgten Zielsetzungen basieren auf diesen sieben, im Auftrag von Präsenz Schweiz durchgeführten Imagestudien. Ein erstes Ziel besteht dabei in der Durchführung einer Vergleichsanalyse. Hierzu wurden die Ergebnisse aller Studien analysiert und – soweit möglich – miteinander verglichen. Ein zweites Ziel betrifft die in China durchgeführte Imagestudie. Aufgrund der Bedeutung und der Aktualität Chinas (Weltausstellung Expo 2010 in Shanghai) gilt es, die Ergebnisse dieser Imagestudie separat und detailliert darzustellen und anhand einer Fallstudie von Präsenz Schweiz einen Einblick in die Aktivitäten und Massnahmen zur Vermarktung der Schweiz in China zu ermöglichen.

Der Aufbau dieses Buches gliedert sich wie folgt: Kapitel 1 liefert die Grundlagen für das Verständnis der nachfolgenden Kapitel. Es klärt die begrifflichen Grundlagen, liefert einen kurzen Einblick in die Country-of-Origin-Forschung und befasst sich mit Massnahmen zur Vermarktung von Staaten, insbesondere auch mit dem relativ neuen Nation Branding-

1 Vgl. Schweizerischer Bundesrat (1999), S. 9561.

2 Vgl. www.presence.ch sowie die Ausführungen in Kapitel 8.

3 Insofern schliessen diese Studien an die 1991 und 1997 vom Institut für Marketing und Unternehmungsführung der Universität Bern durchgeführten internationalen Imagestudien an. Vgl. bspw. Kühn (1991) und Kühn/Weiss (1997).

Ansatz. In Kapitel 2 werden die im Auftrag von Präsenz Schweiz zum Image der Schweiz durchgeführten Studien vorgestellt, die Zielsetzungen sowie das für die Vergleichsstudie gewählte Vorgehen erläutert. In den Kapiteln 3 bis 6 werden ausgewählte Ergebnisse der Vergleichsstudie präsentiert, wobei wichtige Gemeinsamkeiten hervorgehoben und interessante Unterschiede identifiziert werden. Kapitel 7 stellt die letzte dieser sieben Länderstudien in den Mittelpunkt und präsentiert detaillierte Ergebnisse zum Image der Schweiz in China. Im letzten Kapitel schliesslich zeigt Präsenz Schweiz am Beispiel der Aktivitäten in China, wie die Schweiz Landeskommunikation betreibt.

1 Das Landesimage und dessen Vermarktung

Italien verbindet man mit Pasta, Lebensfreude und Mode, Spanien mit Flamenco, Stierkampf und Paella, England mit der Queen, mit Nebel und Teatime, Holland mit Tulpen, Holzschuhen und Käse.

Länder lösen Assoziationen aus. Assoziationen, d. h. subjektive Vorstellungen von den Merkmalen eines Landes, welche je nach Erfahrung und Wissen unterschiedlich differenziert sind und – aufgrund ihres Einflusses auf Kaufverhalten und Entscheide – für Wissenschaft und Praxis von Bedeutung sind.

Akademiker beschäftigen sich seit vielen Jahren mit dem Einfluss und der Bedeutung von Landesimages auf das Kaufverhalten. Im Vordergrund stand bislang vor allem die Analyse von sog. Country-of-Origin-Effekten, also der Wirkung, welche das Herkunftsland eines Produktes auf das Kaufverhalten von Konsumenten hat. Das Interesse galt somit in erster Linie dem aus Unternehmenssicht besonders relevanten Zusammenhang zwischen Produkt und «Made in»-Image.

Seit gut einem Jahrzehnt lassen sich allerdings auch neuere Forschungsthemen erkennen, welche sich durch eine breitere und umfassendere Betrachtung des Themas auszeichnen. So berücksichtigen verschiedene Forscher neben dem «Made in»-Image auch das Image eines Landes als soziokultureller Lebensraum. Und die Country-of-Origin-Effekte interessieren nicht mehr nur auf der Ebene von Produkten, sondern vermehrt auch im Zusammenhang mit Entscheiden im Bereich des Tourismus oder im Zusammenhang mit Standortentscheiden ausländischer Investoren. Einige Autoren gehen sogar noch einen Schritt weiter und deuten an, dass dem Image eines Landes auch in Bezug auf politische und diplomatische Aufgaben auf internationaler Ebene eine bedeutende Rolle zukommt[4]: «The way a country is perceived can make a critical difference to the success of its business, trade and tourism efforts, as well as its diplomatic and cultural relations with other nations.»[5] Da ein starkes, positiv ausgeprägtes Landesimage in einer globalisierten Welt, in der Nationen mit anderen Nationen in einem intensiven Wettbewerb stehen, zu entscheidenden Wettbewerbsvorteilen führen kann, haben in den letzten Jahren auch Fragestellungen im Zusammenhang mit der Positionierung von Nationen an Interesse gewonnen.

Mit Ausführungen zum Landesimage, zur Country-of-Origin-Forschung und der Vermarktung von Nationen werden in diesem Kapitel die Grundlagen für das Verständnis der

---

4 So zum Beispiel Dinnie (2008) oder Anholt/Hildreth (2005), S. 19 f.

5 Anholt (2008), S. 4. Ähnlich auch bei Dinnie (2008).

nachfolgenden Kapitel geschaffen. Ein erster Teil präzisiert den Begriff «Landesimage» sowie dessen Charakteristika, zeigt Möglichkeiten der Nutzung von Herkunftshinweisen und bietet einen Einblick in die Country-of-Origin-Forschung (Kapitel 1.1). Ein zweiter Teil widmet sich sodann der Thematik der Vermarktung von Ländern. Anhand ausgewählter Beispiele wird gezeigt, dass zahlreiche Länder ein spezielles Interesse an der Pflege ihres Images haben und daher entsprechende Massnahmen ergreifen. Vorgestellt wird zudem die Idee des sog. «Nation Branding» – ein relativ junger, nicht unumstrittener Ansatz zur Vermarktung von Ländern (Kapitel 1.2).

1.1 Das Landesimage

1.1.1 Das Landesimage: Begriff und Charakteristika

Vereinfacht betrachtet, bezeichnet ein «Image» das Bild, das sich eine Person von einem Gegenstand macht.[6] Im Marketingbereich wird der Begriff vor allem im Zusammenhang mit dem Image von Produkten und Firmen verwendet. Gebraucht wird der Begriff aber beispielsweise auch bei Parteien, Städten, Regionen oder Ländern.

Analog zum allgemeinen Imagebegriff ist unter dem Image eines Landes somit das Bild zu verstehen, das sich Menschen von einem Land machen. In Anlehnung an Kühn widerspiegelt das Landesimage die subjektiven Vorstellungen bestimmter Personengruppen von den wirtschaftlichen, politischen, gesellschaftlichen und kulturellen Eigenheiten eines Landes, seiner Institutionen und Einwohner.[7]

Wie aus dieser Begriffsumschreibung hervorgeht, weisen Länder-Vorstellungen mehrdimensionalen Charakter auf. Mit einem Land als Imageobjekt werden unterschiedlichste Facetten verbunden. Zu denken ist hierbei an die in einem Land erzeugten Produkte, an die Menschen und ihre Lebensweise, an politische Ereignisse, an Landschaftscharakteristika, an Persönlichkeiten oder an die Geschichte eines Landes.

Diese mehrdimensionalen Eindrücke sind – wie beim Produkte- oder Firmenimage – subjektiver Art. Dies bedeutet, dass die wahrgenommenen und beurteilten Länder-Vorstellungen mit den realen Eigenschaften eines Landes übereinstimmen können, nicht selten aber ein etwas verzerrtes Bild der objektiven Gegebenheiten widerspiegeln. Diese ver

---

6 Vgl. Kroeber-Riel (1992), S. 190.
7 Vgl. Kühn (1992), S. 304.

zerrten Bilder hängen auch mit dem häufig stereotypen Charakter dieser Länder-Vorstellungen zusammen. Obwohl Landesimages durchaus differenziert sein können, lässt sich insgesamt doch eine Tendenz zur Vereinfachung und Verallgemeinerung der mit einem Land assoziierten Vorstellungen erkennen.

Da stereotype Vorstellungen im Allgemeinen eher rigide sind, wird dem Landesimage denn auch die Eigenschaft der zeitlichen Stabilität zugeschrieben, was sich vor allem mit deren Entstehung erklären lässt.[8] Landesimages werden von Personen anhand einer Vielzahl unterschiedlichster Erfahrungen mit dem Land erlernt: «It starts with one's experiences in very early life, school, children's and fairytale books and other leisure literature, theatre and so on and may take in accounts by relatives, acquaintances and friends. But radio and TV stations transmitting international programs, cultural exchange programs, sport, books, news services and so on are probably the strongest image shapers.»[9] Landesimages basieren demzufolge zu einem grossen Teil auf den von den Medien verbreiteten und in der Gesellschaft verankerten Stereotypen und somit vor allem auf indirekten Erfahrungen. Dies ist insbesondere bei fremden, entfernten Ländern der Fall. Meist sind es denn auch direkte Erfahrungen, wie zum Beispiel eine Reise, Kontakte mit Personen eines Landes, spezielle Interessen etc., welche zu differenzierteren Vorstellungen führen und allenfalls eine Imageänderung bewirken bzw. das vorhandene Bild bestätigen.

Da sich Ländervorstellungen mit zunehmender Erfahrung und zahlreichen Lernprozessen verfestigen, lassen sie sich in der Regel auch nur über einen längeren Zeitraum verändern.[10] Dies gilt insbesondere für bedeutende Nationen, die international sehr aktiv sind. Die Images dieser Länder können im Allgemeinen nur durch bedeutende, intensive und dauerhafte Veränderungen und eine entsprechende Präsenz in den relevanten Massenmedien geändert werden. Landesimages von fremden, wenig bekannten Ländern, welche keine klaren Vorstellungen beinhalten, lassen sich dagegen einfacher ändern.

Studien haben zudem gezeigt, dass kurzfristig auch Informationen, die eine grosse persönliche Betroffenheit auslösen, eher geeignet sind, das Image eines Landes zu verändern. Dies bestätigt das Beispiel des Karikaturenstreits in Dänemark.[11] Der Vorfall, der bei den Islamisten grosse Betroffenheit hervorgerufen hatte, vermochte das Image Dänemarks in islamistischen Ländern in kürzester Zeit negativ zu verändern. In den Nachbarländern Dänemarks war das Image einige Monate nach dem Vorfall aber wieder gleich gut wie

---

8 Vgl. Weiss Richard (2003), S. 67ff.

9 Kunczik (1990), S.17.

10 Vgl. Weiss Richard (2003), S. 120ff.

11 Vgl. hierzu Anholt (2006), S. 269.

zuvor. Dieses Beispiel verdeutlicht, dass es durch gewichtige neue Informationen relativ schnell zu Veränderungen des Landesimages kommen kann, dass sich diese nach einem bestimmten Zeitraum aber auch wieder abschwächen können.

1.1.2 Struktur der Imagedimensionen eines Landes

Das Landesimage bzw. die mit einem Land verbundenen Vorstellungen können sich grundsätzlich auf unterschiedlichste Eigenschaften bzw. Merkmale eines Landes beziehen. Im Hinblick auf die Messung von Landesimages bedarf es daher einer Konkretisierung der zu berücksichtigenden Imagedimensionen. Tabelle 1 enthält einen Vorschlag zur Grobstrukturierung dieser Dimensionen.[12] Dabei wird zwischen dem «Made in»-Image, und dem «Live in»-Image eines Landes unterschieden.

Tabelle 1: Grobstruktur des Landesimages [13]

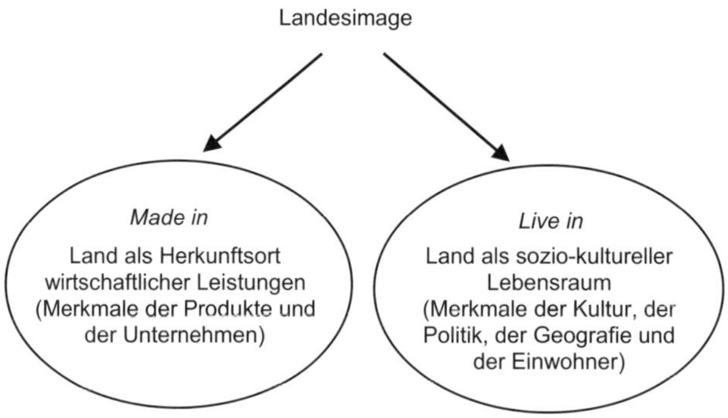

Das *«Made in»-Image* entspricht dem Image eines Landes als Herkunftsort wirtschaftlicher Leistungen. Es umfasst die mehrdimensionalen Vorstellungen von den Produkten und Unternehmen eines Landes. Zu denken ist hierbei beispielsweise an das Qualitätsniveau oder die Umweltfreundlichkeit von den Produkten eines Landes oder an die Zuverlässigkeit oder die Internationalität der Unternehmen eines Landes.

12 Vgl. bspw. Kühn (1992), S. 304f.

13 Vgl. Kühn (1991) und Weiss Richard (2003).

Ergänzend sei vermerkt, dass die meisten Länder über einige wenige, ausgewählte Branchen verfügen, in denen dem Land herausragende Kompetenzen attestiert werden. Zu den typischen Branchen der Schweiz zählen beispielsweise die Banken und die Uhren- und Schmuckindustrie.[14] Deutschland verfügt in der Automobil- und Maschinenindustrie über besondere Kompetenzen, Japan im Bereich der Unterhaltungselektronik. Es handelt sich dabei meist um Branchen, die bzw. deren Unternehmen (international) besonders aktiv sind und denen in der Regel für das betreffende Land auch wirtschaftlich eine bedeutende Rolle zukommt. Es ist daher anzunehmen, dass die für ein Land besonders typischen Branchen das allgemeine «Made in»-Image wesentlich prägen.

Das *«Live in»-Image* bezeichnet das Image eines Landes als soziokultureller Lebensraum. Dieses bezieht sich auf allgemeine Vorstellungen von den Merkmalen der Einwohner, der Gesellschaft und Kultur, der (Wirtschafts-)Politik sowie von der wirtschaftlichen Situation eines Landes. Aufgrund der Vielzahl möglicher Dimensionen zur Erfassung des «Live in»-Image muss naturgemäss eine Auswahl getroffen werden – nicht zuletzt aus Gründen der Forschungsökonomie. Obwohl über die Relevanz der Untersuchung von «Live in»-Image-Aspekten im Forschungsbereich in der Zwischenzeit weitgehend Einigkeit besteht, ist die Zahl jener Studien, in welchen neben «Made in»- auch «Live in»-Image-Vorstellungen erfasst werden, bislang vergleichsweise gering.

1.1.3 Ausdrucksformen von Herkunftshinweisen

Landesimages spielen bei der Vermarktung von Produkten und Dienstleistungen eine bedeutende Rolle. Je nach Ausprägung des Landesimages kann es für Unternehmen interessant sein, das Herkunftslandimage für die Positionierung ihrer Angebote zu nutzen.[15] Durch die Verwendung von Herkunftshinweisen lassen sich nämlich bestimmte mit dem Herkunftsland assoziierte Vorstellungen auf die angebotenen Leistungen übertragen. Besonders geeignet für einen derartigen Imagetransfer sind naturgemäss jene Dimensionen des «Made in»- oder «Live in»-Images, welche im Vergleich mit den Konkurrenzländern deutliche Stärken darstellen. Unternehmen, die sich im Rahmen ihrer Positionierung ausdrücklich auf ein bestimmtes Herkunftsland beziehen wollen, können die Herkunft je nach Umsetzung auf unterschiedliche Art und Weise vermitteln.[16] Welche Möglichkeiten zur Kommunikation der geografischen Herkunft von Produkten und Dienstleistungen grundsätzlich zur Verfügung stehen, zeigt Tabelle 2.

[14] Vgl. Kühn/Weiss (2003), Kühn/Weiss (1997).

[15] Vgl. Fankhauser (1999), Kühn/Weiss (1998).

[16] Vgl. Papadopoulos (1993), S. 14 ff., Kurz (1994), 114f.

Die einfachste und herkömmlichste Form einer verbalen Herkunftsangabe ist das Herkunftszeichen bzw. das sogenannte «Made in»-Label («Swiss Made», «Made in Germany» etc.). Da das Herkunftsland anhand dieses Labels meist nur schwer zu identifizieren ist, setzen Unternehmen in der Praxis häufig weitere Formen ein. So kann beispielsweise auch der Marken- und/oder Firmenname (Deutsche Bank, Swisscom, Swiss Life) oder ein Namenszusatz im Logo («Trisa of Switzerland») direkte Hinweise auf das jeweilige Herkunftsland enthalten. Explizite Herkunftsangaben lassen sich zudem gezielt bei der Produkt- und Verpackungsgestaltung sowie im Rahmen der Werbe- und Verkaufsförderungs-Massnahmen einsetzen.

Tabelle 2: Ausdrucksformen von Herkunftshinweisen[17]

	Verbale Herkunftshinweise		Non-verbale Herkunftshinweise	
	Direkter Bezug	**Indirekter Bezug**	**visuell**	**akustisch**
Herkunftszeichen bzw. «Made in»-Label	Made in Japan, Made in Germany			
Marken- und/oder Firmenname	Swisscom, Crédit Suisse, Deutsche Bank, British Petroleum, Air France	Lamborghini, Ferrari , Toyota		
Markenzeichen (Logo), Produktgestaltung, Verpackung Werbemittel, Verkaufsförderungs-massnahmen etc.	Explizite Erwähnung des Herkunftslandes im Rahmen des Logos, der Verpackung, der Werbung, der Verkaufsförderung etc.	Anbringung bzw. Einsatz fremd-sprachiger Texte oder Namen	Verwendung der Nationalflagge, Nationalfarben, Persönlichkeiten oder anderen typischen Elementen eines Landes (Wahr-zeichen, landestypi-sche Tiere etc.)	Mozart, Jazz, Alphorn, etc.

Hinweise, welche Assoziationen mit einem bestimmten Herkunftsland hervorrufen, lassen sich aber auch auf indirekte Weise – durch die Verwendung sprachlicher Stilmittel – anbringen (Toyota, Ferrari oder bspw. durch die Verwendung von Schweizerdeutsch in einem TV-Spot). Bei den non-verbalen Möglichkeiten ist zu unterscheiden zwischen landestypischen Bildern bzw. Symbolen (Schweizer Kreuz, der Eiffelturm für Frankreich, die Freiheitsstatue für die USA etc.) einerseits und akustischen Elementen (Nationalhymnen, Dudelsack etc.) andererseits.

---

17 In Anlehnung an Weiss Richard (2003), S. 38.

Ein Blick in die Praxis zeigt, dass die Nutzung des Herkunftslandes trotz – vielleicht aber auch gerade wegen – der globalisierten Welt nach wie vor sehr aktuell ist. Zahlreiche Schweizer Unternehmen positionieren ihre Produkte bewusst als «Schweizer Marke» und nutzen daher die Möglichkeit, Assoziationen wie Spitzenqualität, Exklusivität, heile Welt etc. zu wecken und dadurch die eigenen Produkte diesbezüglich glaubwürdiger zu positionieren.[18]

Aufgrund der Attraktivität und der Bedeutung derartiger Herkunftsangaben für den Wirtschaftsstandort Schweiz beabsichtigt der Bundesrat, den Schutz der Bezeichnung Schweiz zu verstärken.[19] Mit einer Gesetzesrevision soll mehr Klarheit und Transparenz für den Gebrauch der Bezeichnung «Schweiz» und des Schweizer Kreuzes auf Waren und für Dienstleistungen geschaffen werden. Zudem soll gegen Missbräuche im In- und Ausland strenger vorgegangen werden.

1.1.4 Country-of-Origin-Effekte

Landesimages beeinflussen – ähnlich wie Marken- oder Firmenimages – das Kauf- und Konsumverhalten. Dieser Einfluss der geographischen Herkunft eines Produktes oder einer Dienstleistung ist in der einschlägigen Literatur allgemein als Country-of-Origin-Effekt bzw. als Herkunftsland-Effekt bekannt.

Marketingforscher beschäftigen sich seit über 40 Jahren mit Fragen zum Country-of-Origin-Effekt. Schooler konnte 1965 in einer Studie erstmals nachweisen, dass die Beurteilung von Produkten signifikant vom Herkunftsland beeinflusst wird.[20] Seither wurden über 400 Artikel zu verschiedenen Aspekten von Country-of-Origin-Effekten publiziert. Zu den Ergebnissen dieser Publikationen finden sich denn auch mehrere, ausführliche Literaturüberblicke.[21] Bevor im Folgenden ausgewählte Ergebnisse der Country-of-Origin-Forschung präsentiert werden, gilt es kurz auf die Wirkungsweisen der Herkunftslandinformation einzugehen.

---

18 Vgl. hierzu auch Feige (2006), Koob et al. (2004).

19 Ausführlichere Informationen zur Revision des Marken- und Wappenschutzgesetzes finden sich beim Eidgenössischen Institut für Geistiges Eigentum. URL: www.ige.ch/D/jurinfo/j108.shtm.

20 Vgl. Schooler (1965).

21 Vgl. bspw. Dinnie (2008), S. 84ff., Usunier/Lee (2005), Papadopoulos/Heslop (2002), Al-Sulaiti/Baker (1998), Liefeld (1993), Bilkey/Nes (1982).

Wie aus der Country-of-Origin-Literatur hervorgeht, kann der Einfluss der geographischen Produktherkunft auf den Kaufentscheidungsprozess grundsätzlich kognitiver, affektiver oder normativer Art sein.[22]

Bei kognitiven Wirkungsweisen ist zu unterscheiden zwischen dem Proxy-Effekt und dem Irradiationseffekt. Beim Proxy-Effekt schliessen die Konsumenten von der Herkunftsland-information direkt auf die gesamte Produktqualität. Die Herkunftsinformation stellt hier eine sog. Schlüsselinformation[23] dar, welche beim Konsumenten bestimmte mit dem jeweiligen Land verbundene Vorstellungen auslöst, welche anschliessend auf das Produkt oder die Dienstleistung übertragen werden. Beim Irradiationseffekt handelt es sich um einen Folgerungs-Effekt vom Herkunftsland auf die Ausprägungen einzelner Produkt-merkmale. Die Herkunftsangabe wird somit als Basis für Schlussfolgerungen auf be-stimmte, den Konsumenten nicht zur Verfügung stehende Produktmerkmale genutzt. Im Gegensatz zum Proxy-Effekt erfolgt die Ausstrahlung des Herkunftslandes jedoch indirekt über Produktmerkmale und nicht mehr direkt auf die «wahrgenommene Qualität». Bei affektiven Effekten spielen positive oder negative Gefühle gegenüber einem Land und seinen Erzeugnissen eine entscheidende Rolle im Kaufentscheidungsprozess.[24] Die mit der Herkunft eines Produktes verbundene, gefühlsmässige Zuneigung oder Ablehnung kann die Produktwahl bzw. den Produktentscheid direkt beeinflussen,[25] so dass Produkte eines bestimmten Landes vorgezogen, andere dagegen abgelehnt werden. Bei normativen Prozessen wirken die mit dem Herkunftsland eines Produktes verbundenen Normen in der Regel direkt auf den Wahl- bzw. den Kaufentscheid.[26] Länderbezogene Normen können dazu führen, dass Verbraucher sich aufgrund des sozialen Druckes unter keinen Umständen für Erzeugnisse aus einem bestimmten Land entscheiden.

Aufgrund dieser verschiedenen Wirkungsmöglichkeiten kann das Herkunftsland die Qualitätswahrnehmung wie aber auch den Kaufentscheid von Produkten beeinflussen. Die Relevanz des Herkunftslandes auf die Qualitätswahrnehmung und die Produktbewertung wird auch von zahlreichen Ergebnissen der Country-of-Origin-Forschung bestätigt.

Die ersten Arbeiten im Bereich der Country-of-Origin-Forschung waren vorwiegend deskriptiver Natur und untersuchten, wie Produkte unterschiedlicher Herkunft wahrge-

---

[22] Vgl. Obermiller/Spangenberg (1989), S. 455; Johansson (1989), S. 55.

[23] Schlüsselinformationen sind Informationen, die für die Beurteilung von Produkten von grosser Bedeutung sind und mehrere andere Informationen ersetzen. Beispiele solcher Schlüsselinformationen sind der Markenname, der Preis oder die geographische Herkunft eines Produktes. Vgl. Trommsdorff (1993), S. 81.

[24] Johansson (1989), S. 53 und Schweiger/Friederes (1994), S. 158.

[25] Vgl. Lebrenz (1996), S. 98.

[26] Vgl. Baughn/Yaprak (1993), S. 99.

nommen werden. In der Folge haben sich die Untersuchungen verschiedensten Fragestellungen gewidmet: So wurde beispielsweise untersucht, ob der Country-of-Origin-Effekt produktspezifisch ist. Die Ergebnisse verschiedener Studien deuten darauf hin, dass bei Produkten mit langer Lebensdauer deutlich höhere Country-of-Origin-Effekte auftreten als bei Produkten des täglichen Bedarfs[27]. Andere zeigen, dass die Stärke von Country-of-Origin-Effekten mit steigender technischer Komplexität des Produkts[28] oder beispielsweise bei teureren Produkten[29] zunimmt.

Keine eindeutigen Zusammenhänge zeigen sich dagegen zwischen demographischen Variablen und der Stärke von Country-of-Origin-Images. So spielt das Geschlecht bei gewissen Studien eine Rolle, bei anderen dagegen nicht. Interessante Ergebnisse resultieren jedoch bezüglich der Nationalität. Verschiedene Studien haben nämlich gezeigt, dass die Produkte eines Landes von Personen verschiedener Nationalität unterschiedlich wahrgenommen und beurteilt werden.[30] Zur Erklärung dieses Ergebnisses lassen sich Faktoren wie die kulturelle oder sprachliche Nähe zweier Nationen anführen. Besonders deutliche Differenzen zeigen sich dabei in der Regel zwischen den Selbst- und den entsprechenden Fremdbildern.[31]

Ein weiteres Untersuchungsthema stellt der Zusammenhang zwischen dem Country-of-Origin-Effekt und der Marke dar. Hier deuten die Ergebnisse verschiedener sog. Multicue-Studien darauf hin, dass die Herkunftslandinformation mit zunehmendem Wert weiterer Produktinformationen an Bedeutung verliert.[32] Bezogen auf die Marke, bedeutet dies, dass die Herkunftsinformation bei bekannten, profilierten Marken in den Hintergrund rücken kann. Vergleichbare Resultate haben sich auch bezüglich der Produktvertrautheit ergeben.

Einige Studien haben sich zudem mit der zeitlichen Stabilität des Herkunftslandes bzw. dessen Image beschäftigt.[33] Diese zeigen, dass Landesimages im Zeitablauf relativ stabil sind, sich langfristig aber dennoch verändern können.

Aufgrund der zunehmenden Globalisierung ergeben sich im Country-of-Origin-Bereich denn auch weitere, neue Forschungsthemen.[34] Ein erstes derartiges Thema betrifft die

---

27 Vgl. Tse/Gorn (1993); Samli/Grewal/Ericksen (1994).
28 Vgl. Baughn/Yaprak (1993).
29 Vgl. Liefeld (1993).
30 Vgl. Baughn/Yaprak (1993), S. 95f.
31 Vgl. Heslop/Papadopoulos (1993), S. 44f; Weiss Richard (2003), S. 167ff.
32 Vgl. Cordell (1992), S. 263f.
33 Vgl. Weiss Richard (2003); Brunner/Flaschner/Lou (1993), Schweiger/Wusst (1988) oder Jaffe/Nebenzahl (1993).
34 Vgl. hierzu auch Weiss Richard/Kühn (2004).

Frage nach dem Country-of-Origin-Effekt bei sog. hybriden Produkten. Vor dem Hintergrund der zunehmenden Internationalisierung und dem steigenden Konkurrenzdruck entscheiden sich immer mehr Unternehmen, Entwicklung und Produktion multinational zu organisieren. Da sich diese Produkte nicht mehr einem bestimmten Land zuordnen lassen, differenzieren einige Autoren zwischen dem Herstellungsland (Country of Manufacture), dem Land, in welchem das Produkt designed wurde (Country of Design), und dem Land, in dem die Endmontage erfolgte (Country of Assembly).[35] Hinzu kommt, dass sich die geografische Herkunft von Produkten nicht nur auf Nationen, sondern auch auf neue geopolitische Einheiten («Made in Europe») beziehen können. Insgesamt lässt sich jedoch festhalten, dass das Thema viele neue noch zu erforschende Fragestellungen beinhaltet. Wie wird beispielsweise ein Produkt beurteilt, welches in Deutschland konzipiert und in Spanien hergestellt worden ist? Welche Rolle spielt dabei die Marke des Produktes, welche unter Umständen mit einem weiteren Herkunftsland assoziiert wird?

Ein zweites Thema, das stark an Bedeutung gewonnen hat, ist die Frage nach der Bedeutung von Country-of-Origin-Effekten bei Dienstleistungen.[36] Trotz der heutigen Bedeutung des tertiären Sektors haben sich bislang erst relativ wenige Studien damit beschäftigt. Die bislang vorliegenden Ergebnisse deuten jedoch darauf hin, dass das Herkunftsland auch im Dienstleistungsbereich eine bedeutende Rolle spielt. Gewisse Forscher sind gar der Meinung, dass der Herkunftsinformation bei Dienstleistungen tendenziell eine höhere Bedeutung zukommt als bei Produkten, da die Konsumenten aufgrund der Intangibilität von Dienstleistungen im Allgemeinen ein höheres Kaufrisiko empfinden und daher die Herkunftsinformation im Sinne eines Qualitätsindikators nutzen.[37]

Wie aus obenstehenden Ausführungen hervorgeht, hat sich die Country-of-Origin bislang vor allem auf den Einfluss von Landesimages bei Kaufentscheiden von Produkten konzentriert. Auch wenn bislang relativ wenig bekannt ist, so ist doch anzunehmen, dass Country-of-Origin-Effekte auch bei anderen Entscheiden wie zum Beispiel bei Standortentscheiden potentieller Investoren[38] oder bei der Vergabe internationaler Kongresse auftreten.

---

35 Vgl. Jaffe/Nebenzahl (2001), S. 26f.

36 Vgl. hierzu auch den Überblick bei Javalgi/Cutler/Winans (2001) oder konkrete Studien zu Dienstleistungsfragen: Ahmed et al. (2002), Bruning (1997), Shaffer/O'Hara (1995).

37 Brossard et al. (1995), S. 36.

38 Wee/Lim/Tan führen hierzu aus: «Just like consumers do with regard to product origin, companies form different images of countries concerning their potential as places for investment. Such images would affect their decisions on whether to invest in those countries." Wee/Lim/Tan (1993), S. 333f.

1.2 Die Vermarktung von Nationen

«Man kann nicht nicht kommunizieren».[39] Dies gilt in besonderer Weise für Nationen. Auch wenn ein Staat nicht bewusst kommuniziert, so sendet dieser – sei es durch Politik, Wirtschaft, Wissenschaft, Tourismus, Kunst, Sport, Medien etc. – tagtäglich unzählige Botschaften und Informationen aus.

Die Wirkung dieser Signale widerspiegelt sich vereinfacht und – je nach Erfahrung und Wissen – mehr oder weniger realitätsgetreu im Image dieses Landes. Und dieses Landesimage beeinflusst Entscheide. Entscheide von Konsumenten für Produkte oder Dienstleistungen bestimmter Herkunftsländer, Entscheide von Unternehmern für bestimmte Standorte und Investitionen, Entscheide von Touristen für die nächste Feriendestination oder Entscheide von qualifizierten Arbeitskräften für Arbeitgeber spezifischer Herkunft etc.

Die Regierungen zahlreicher Länder sind sich dieser Bedeutung des Landesimages bewusst und versuchen daher ihr Land zu vermarkten und möglichst positiv zu positionieren. Dies verdeutlichen auch die in Abschnitt 1.2.1 angeführten Beispiele. Abschnitt 1.2.2 stellt anschliessend den noch relativ jungen Ansatz des Nation Branding vor und geht dabei der Frage nach, ob bzw. inwiefern sich ein Land wie eine Produktmarke führen lässt.

1.2.1 Imagepflege am Beispiel ausgewählter Nationen

Die Zahl der Nationen, welche aktiv mit der Pflege ihrer Ländermarke beschäftigt sind, wächst stetig. Wie bereits angetönt, besteht mit Präsenz Schweiz auch in unserem Land eine Organisation, welche für die Landeskommunikation und den Auftritt der Schweiz im Ausland zuständig ist.[40] Ein Portrait dieser Schweizer Organisation sowie Ausführungen zu Auftrag, Strategie und Aktivitäten – insbesondere zu jenen in China – werden in Kapitel 8 präsentiert.

Die nachfolgend angeführten Beispiele illustrieren, dass verschiedenste Staaten Massnahmen ergreifen, um sich im In- und Ausland erfolgreich zu positionieren. Die Beweggründe für diese Massnahmen können dabei – je nach Sachlage – sehr unterschiedlich sein. So kann beispielsweise eine Diskrepanz zwischen der veränderten Realität des Landes und der Wahrnehmung desselben Anlass für gezielte Massnahmen sein. Aber auch die Durchführung eines Grossevents wie die Fussballweltmeisterschaft, ein ungünstiges

---

[39] Zitat von Paul Watzlawick.

[40] Für detaillierte Informationen zu Präsenz Schweiz vgl. www.presence.ch sowie Pasquier (2008).

Ereignis mit entsprechenden Negativmeldungen in den Medien oder aber eine grundsätzliche Überzeugung zur Imagepflege können Gründe für gezielte Aktivitäten sein.

In Südafrika sah man sich – nach dem Übergang von der Apartheid zur Demokratie – mit dem Problem konfrontiert, dass die Wahrnehmung Südafrikas im Ausland nicht mehr mit dessen Realität übereinstimmte.[41] Erschwerend kam hinzu, dass im Ausland Berichte und Meldungen über Südafrika erschienen, welche aus unterschiedlichsten Quellen stammten und inhaltlich nicht abgestimmt waren, was sich schliesslich in einem verzerrten, diffusen Image widerspiegelte. Aufgrund der Bedeutung eines positiven, klaren Markenimages Südafrikas für Investitionen, Exportmöglichkeiten und Tourismus wurde im Jahr 2000 das International Marketing Council of South Africa (IMC) gegründet. Hauptziel des IMC ist die Vermarktung des Landes über die Brand South Africa Kampagne.[42] Eine grosse Chance bietet sich zudem mit der im Jahre 2010 in Südafrika stattfindenden Fussball-Weltmeisterschaft.

Eine ähnliche Problematik stellte sich auch im Fall Frankreichs.[43] Zur Förderung der internationalen Wettbewerbsfähigkeit des Landes hat Frankreich in den letzten Jahren bedeutende Privatisierungen und verschiedene Reformen durchgeführt. Mit einer Vereinfachung von Geschäftsformalitäten, einer Anpassung von Arbeitszeitreglementen und weiteren Massnahmen versuchte Frankreich, die Attraktivität bei ausländischen Investoren zu steigern. Trotz dieser Anstrengungen wurde Frankreich im Ausland – insbesondere in den USA und in Grossbritannien – weiterhin primär über Klischees wie Wein, Küche und Mode, nicht aber als attraktiver Wirtschaftsstandort wahrgenommen. Die französische Regierung erkannte, dass es im Hinblick auf eine prosperierende Wirtschaft und erfolgreiche Inlandinvestitionen nötig ist, die Diskrepanz zwischen der Realität und dem aktuellen Image aktiv zu reduzieren. Die Imagekorrektur erfolgte mittels einer mehrjährigen Imagekampagne «The New France. Where the smart money goes», welche zusammen mit der Invest in France Agency (IFA), der Regierungsorganisation für ausländische Direktinvestitionen und verschiedenen weiteren Organisationen entwickelt und durchgeführt worden ist. Aktuelle Zahlen und Rankings belegen, dass die Attraktivität Frankreichs als Wirtschaftsstandort in den letzten Jahren gestiegen ist.

Am Beispiel Deutschland soll gezeigt werden, dass auch das Selbstbild bzw. die Identität eines Landes Gegenstand von Imagekampagnen sein kann. Hinzu kommt, dass das Beispiel Deutschland sich insofern von den vorhergehenden Fällen unterscheidet, als der Impuls

---

41 Für detaillierte Ausführungen vgl. Johnston Y. (2008), S. 5ff.

42 Vgl. hierzu www.brandsouthafrica.com.

43 Für detaillierte Ausführungen zu Frankreich vgl. Favre (2008), S. 239ff.

zum Re-Branding des nationalen Images von einem speziellen Katalysator kam: der Fussball-Weltmeisterschaft 2006. Das Gastgeberland Deutschland hat die Chance genutzt und das verzerrte Selbstbild der Deutschen korrigiert.[44] Dank einer landesinternen Kampagne, welche zahlreiche Institutionen der Regierung, der Wirtschaft sowie des sozialen Bereichs einschloss, konnte das kalte, seriöse und zuweilen auch von gewalttätigen Nationalisten geprägte Bild, welches im Vorfeld der Weltmeisterschaft mit Deutschland assoziiert wurde, deutlich verbessert werden. Der Enthusiasmus, die Offenheit und die Toleranz der deutschen Bevölkerung, zusammen mit der perfekten Organisation des Grossanlasses haben somit zu einem positiveren und aktuelleren Bild Deutschlands beigetragen.

Auch beim Beispiel Island war – ähnlich wie bei Deutschland – ein spezielles Ereignis der Grund für neue Anstrengungen zur Verbesserung der nationalen Kommunikation Islands. Allerdings war die Ursache in Island nicht ein Grossanlass, sondern eine negative Nachricht, die weltweit grosses Aufsehen erregte: So hat die Ankündigung Islands, den kommerziellen Walfang – trotz des international geltenden Moratoriums – ab 2006 wieder aufzunehmen, weltweit Proteste erzeugt und das Image Islands beeinträchtigt. Die isländische Regierung hat daher eine Gruppe von Experten beauftragt, die Möglichkeiten einer positiven Beeinflussung des Images zu prüfen.[45] Ergänzend sei vermerkt, dass die Regierung zusammen mit Organisationen aus Wirtschaft und Tourismus bereits Ende der 90er Jahre ein Marketingprogramm entwickelt hat, um Produkte und Attraktionen der Insel besser zu vermarkten. Hierbei handelt es sich um die Kampagne «Iceland Naturally» bzw. «Island natürlich»[46], welche zunächst in den USA, seit 2006 aber auch in ausgewählten Ländern Europas durchgeführt wird, um auf positive Aspekte Islands aufmerksam zu machen.

Interessant erscheint auch das Beispiel Schottland. Der Entscheid für Nation Branding-Aktivitäten geht hier nicht auf Imageprobleme oder irgendein Ereignis zurück, sondern basiert vielmehr auf der Erkenntnis, dass das Image Schottlands – nicht zuletzt aufgrund dessen Bedeutung für Wirtschaft und Tourismus – bewusst gepflegt werden muss. Mit dem Ziel, Tourismus, Kultur und Wirtschaft zu fördern, hat Schottland im Jahre 1994 die Organisation «Scotland the Brand» gegründet. Von Schottland sollte ein Bild vermittelt werden als «[...] a place to visit, a place to study, a place to invest in and a place to source knowledge from».[47] Ausgehend von Ergebnissen aus Imagebefragungen im In- und

---

44 Vgl. hierzu die Ausführungen von Walsh/Wiedmann (2008), S. 154ff.

45 Vgl. Pálsdóttir (2008), S. 183ff.

46 Vgl. http://www.icelandnaturally.com/news.php bzw. http://www.islandnatuerlich.de/news.php.

47 Aussage des Verantwortlichen der Organisation, zitiert in Dinnie, K. (2008), S. 25.

Ausland hat die Organisation eine Positionierung des Landes ausgearbeitet, das Logo «Scotland Mark» eingeführt und entsprechende Massnahmen zur Vermarktung Schottlands ergriffen. 2004 hat die schottische Regierung die Aufgabe des Nation Branding übernommen, welche sie heute zusammen mit Partnerorganisationen wie «VisitScotland» oder «EventScotland» professionell ausführt.[48]

1.2.2 Die Idee des «Nation Branding»

Nation Branding, Place Branding, Location Branding – mit diesen Begriffen werden aktuelle Konzepte bezeichnet, die sich auf die Vermarktung von Nationen bzw. von anderen geografischen Einheiten wie zum Beispiel Regionen, Städte oder supranationale Organisationen richten.[49]

In einer Zeit fortschreitender Globalisierung, in der die Welt zusammengerückt ist, sehen sich Nationen vermehrt vor der Herausforderung, ihre Position gegenüber anderen Nationen, zum Teil aber auch gegenüber Regionen oder supranationalen Organisationen zu stärken. Länder müssen sich als unverwechselbare Marken positionieren und ihre Einzigartigkeit und Vorteile wahrnehmbar kommunizieren, wollen sie sich das Interesse von Investoren, Touristen, Konsumenten und Medien sichern. Nur ein echter, souveräner Auftritt schafft Aufmerksamkeit und Vertrauen.

Hier bietet sich der Ansatz des Nation Branding an. Nation Branding basiert auf der Idee, das Land als Marke zu betrachten. Dabei geht es allerdings nicht bloss um die Kreation eines neuen Logos. Vielmehr gilt es, unter Verwendung angepasster Methoden und Instrumente der strategischen Markenführung eine bekannte, positiv besetzte, starke Ländermarke aufzubauen und so die Wahrnehmung des Landes – je nach Situation – im In- und Ausland gezielt zu verstärken, zu ergänzen oder zu korrigieren. Gemäss Jaffe/Nebenzahl umfasst der Branding-Prozess folgende Elemente: «[...] strategies to promote a country image, products, and attractiveness for tourism and foreign investment, developing an image based on country's positive core values and communicating it both internally and externally».[50] Mit derartigen Nation Branding-Aktivitäten soll somit primär die Exportwirtschaft gestärkt, der Tourismus unterstützt und ausländische Investition im eigenen Land gefördert werden. Ein starker «Nation Brand» soll aber auch Vertrauen und Glaubwürdigkeit vermitteln und dadurch beispielsweise dazu beitragen, dass ein Land die

---

[48] Vgl. hierzu auch die Ausführungen in «Scotland's International Image Second Year Report» unter http://www.scotland.gov.uk/Publications/2006/10/20092258/1 sowie zur aktuellen Strategie und Massnahmen den «Scottish government international framework», http://www.scotland.gov.uk/Publications/2008/04/23150847/1.

[49] Vgl. bspw. Kotler/Haider/Rein (1993), Graby (1993), Olins (2004), Anholt (2005).

[50] Jaffe/Nebenzahl (2006), S. 138.

Zusage für die Organisation internationaler Kongresse oder andere bedeutende Anlässe erhält oder dass die politischen Auslandbeziehungen oder internationale Partnerschaften verbessert werden.

Die Anwendung von Branding-Konzepten auf Nationen ist nicht unumstritten. Währenddem sich einige Kritiker vor allem am Begriff «Branding» – wahrscheinlich aufgrund seines primär kommerziellen Hintergrunds – stören, diskutieren andere vor allem die Frage, inwieweit die zur Führung von Produkt- und Firmenmarken entwickelten Grundideen und Methoden auf das Führen einer Ländermarke übertragbar respektive welche Anpassungen für ein erfolgreiches Nation Branding vorzunehmen sind.

Hierbei gilt es zu berücksichtigen, dass sich das Branding von Ländern in einigen Punkten entscheidend von demjenigen eines Produktes unterscheidet: Zunächst gilt es auf die hohe Komplexität hinzuweisen, die mit dem Management von Ländermarken verbunden ist. Diese rührt zum einen daher, dass Länder – aufgrund der Vielzahl von Aspekten und Facetten – viel komplexer sind als einzelne Produktmarken.[51] Zum anderen ist auch die Zahl der Zielmärkte und Zielgruppen deutlich grösser und diffuser als bei Produktmarken.

Ein wesentlicher Unterschied betrifft zudem die erheblich verminderte Kontrollierbarkeit von Ländermarken. Im Gegensatz zu Produktimages wird das Image eines Landes von zahlreichen Faktoren beeinflusst, welche nicht gesteuert bzw. kontrolliert werden können. Zu denken ist hier beispielsweise an politische Ereignisse (Wahlen, Entscheide), an kulturelle Veranstaltungen, an Persönlichkeiten oder Unternehmen eines Landes, an ungünstige Ereignisse etc. Wie schwierig dies ist, zeigt bereits die Kontrolle bzw. die Koordination der Verwendung des Markennamens Schweiz und des Schweizer Kreuzes.

Eine weitere Besonderheit betrifft die hohe zeitliche Stabilität bzw. Änderungsresistenz von Ländermarken. Dies trägt dazu bei, dass punktuelle Negativereignisse ein positives Landesimage nicht kurzfristig ins Negative kippen lassen, bedeutet aber auch, dass konkrete Imageschwächen nur durch langfristige, konsistent kommunizierte Gegenmassnahmen behoben werden können. Um eine Ländermarke mit Kontinuität und Konsistenz zu führen, bedarf es daher bedeutender finanzieller Mittel.

Ein weiterer Unterschied betrifft die Frage nach dem Besitzer. Im Gegensatz zu Produktmarken lässt sich bei Ländermarken kein bestimmter Besitzer identifizieren. Im Grunde gehört sie der gesamten Bevölkerung des Landes. Dieses Merkmal gilt es denn auch zu berücksichtigen, sei es bei der Bestimmung der für das Nation Branding zuständigen

---

[51] Vgl. bspw. Blichfeldt (2005), S. 392f.

Organisationen oder bei Entscheiden im Zusammenhang mit dem Inhalt von Ländermarken. Nur wenn die Bevölkerung sich damit identifizieren kann, lässt sich diese auch erfolgreich und glaubwürdig durchsetzen. Zur Illustration dieser Problematik – welche sich naturgemäss auch auf regionaler Ebene stellt – wird nachfolgend kurz auf das Beispiel der Regionenmarke «Valais»[52] eingegangen: Anfang 2008 hat der von verschiedenen Wirtschaftsverbänden getragene Verein Marke «Wallis» die neue Markenstrategie für die Walliser Wirtschaft vorgestellt. Als Logo schlugen sie ein stilisiertes Matterhorn – mit einem weissen Stern auf rotem Hintergrund – vor, darunter den Schriftzug «Valais». Das Fehlen der deutschen Bezeichnung «Wallis» führte im Oberwallis zu heftigen Protesten, mit dem Argument, dass die deutschsprachige Minderheit einmal mehr übergangen werde. Nach verschiedenen Diskussionen hat sich der Verein auf einen Kompromissvorschlag geeinigt, welcher die Bezeichnung «Wallis» ebenfalls zulässt.

Die erwähnten Unterschiede zwischen einer Nation und einem Produkt stellen veränderte Anforderungen an das Branding und müssen bei der Anwendung von Branding-Konzepten berücksichtigt werden. Insgesamt besteht aber weitgehend Konsens darüber, dass sich Länder vor dem Hintergrund des sich zunehmend verschärfenden Wettbewerbs als echte, einzigartige «Marke» positionieren müssen. Es ist daher zu erwarten, dass sich sowohl die Wissenschaft wie aber auch die Nationen selbst künftig noch verstärkt mit dem Thema auseinandersetzen werden: «Nations do not have the choice of being branded or not; on the contrary nations can merely make a simple choice between allowing others to brand the nation – through ignorant stereotyping – or, alternatively, nations can embrace the challenge of projecting a truer, more accurate and more uplifting image of the nation to the rest of the world.»[53]

---

52 Für weitere Informationen vgl URL: http://www.marquevalais.org/fr/.

53 Dinnie, (2005), S.170.

2 Die Vergleichsanalyse zum Image der Schweiz im Ausland: methodisches Vorgehen

In Kapitel 1 wurde darauf hingewiesen, dass die Schweiz – wie auch zahlreiche andere Länder – der Pflege bzw. Stärkung ihres Landesimages grosse Bedeutung beimessen. Voraussetzung für eine erfolgreiche Landeskommunikation bildet dabei das Wissen um die Stärken und Schwächen des eigenen Landes im internationalen Vergleich. Studien, welche das Image der Schweiz im Ausland untersuchen, stellen somit eine wichtige Grundlage zur Erarbeitung von Strategien zur Vermarktung der Schweiz dar. Präsenz Schweiz hat daher zwischen 2000 und 2006 insgesamt sieben Imagestudien in Auftrag gegeben[54], und zwar in folgenden Ländern: USA (2000), Grossbritannien (2001), Frankreich (2002), Spanien (2002), Deutschland (2002), Japan (2003) und China (2006). Da diesen Studien – abgesehen von einigen wenigen Anpassungen – dasselbe methodische Konzept sowie eine identische Forschungsstrategie zugrunde liegt, ist ein Vergleich der in diesen verschiedenen Länderstudien erfassten Daten möglich. Die Ergebnisse eines derartigen Vergleichs stehen denn auch im Zentrum der Kapitel 3, 4, 5 und 6.

Bevor die Ergebnisse dieser Vergleichsanalyse präsentiert werden, gilt es in diesem Kapitel kurz die der Analyse zugrunde liegenden Länderstudien und das dabei gewählte methodische Vorgehen zu präsentieren.

2.1 Die Länderstudien als Basis der Vergleichsanalyse

Tabelle 3 gibt einen Überblick über die sieben zum Image der Schweiz durchgeführten Studien. Das Ziel dieser von Präsenz Schweiz in Auftrag gegebenen Studien bestand in der Gewinnung aktueller Informationen über die mit der Schweiz assoziierten Bilder, deren Stärken und Schwächen sowie über das Wissen zu schweizbezogenen Themen. Die Leitung der Imagestudien erfolgte jeweils durch ein Schweizer Universitätsinstitut, die Durchführung der Feldforschung durch ein renommiertes lokales Marktforschungsinstitut.

Wie aus untenstehender Tabelle hervorgeht, wurden in den durchgeführten Länderstudien grundsätzlich drei verschiedene Befragtengruppen berücksichtigt: Eine erste Gruppe entspricht jeweils einer repräsentativen Stichprobe der Bevölkerung (mittlere bis obere Klasse in den USA und in China). Eine zweite Gruppe setzt sich aus – nicht repräsentativ

---

[54] Diese Studien wurden von Richard Kühn, Roger Fasnacht, Martial Pasquier und Mirja Weiss Richard durchgeführt. Die Imagestudien werden auf der Webseite von Präsenz Schweiz (www.presence.ch/d/800/800a.php) zur Verfügung gestellt.

ausgewählten – Stichproben von Opinion Leaders zusammen, und bei der dritten Gruppe handelt es sich um ebenfalls nicht repräsentative Studenten-Stichproben. Insgesamt sind in den sieben Länderstudien 13119 Personen befragt worden.

Tabelle 3: Überblick über die sieben zum Image der Schweiz durchgeführten Länderstudien

Untersuchungsland	Jahr	Stichprobengrösse			Befragungsmethode
		Bevölkerung	Opinion Leaders	Studenten	
Vereinigte Staaten (USA)	2000	1004(*) (18 Jahre und +)	150 Politiker 150 Journalisten	-	Telefonische Befragung: Bevölkerung, Opinion Leaders
Grossbritannien (UK)	2001	1000 (Erwachsene)	100 Politiker 121 Journalisten 121 Manager	518	Telefonische Befragung: Bevölkerung, Opinion Leaders Persönliche Befragung: Studenten
Spanien (ES)	2002	1000 (16 Jahre und +)	119 Politiker 116 Journalisten 118 Manager	501	Telefonische Befragung: Bevölkerung, Opinion Leaders Persönliche Befragung: Studenten
Frankreich (FR)	2002	1002 (15 Jahre und +)	204 Politiker 103 Journalisten 99 Manager	305	Telefonische Befragung: Bevölkerung, Opinion Leaders Persönliche Befragung: Studenten
Deutschland (DE)	2002	1003 (15 Jahre und +)	121 Politiker 120 Journalisten 120 Manager	304	Telefonische Befragung: Bevölkerung, Opinion Leaders, Studenten
Japan (JAP)	2003	1000 (18 Jahre und +)	120 Politiker 120 Journalisten 120 Manager	500	Telefonische Befragung: Bevölkerung, Opinion Leaders, Studenten
China (CN)	2006	2000(*) (18 Jahre und +)	120 Politiker 120 Journalisten 120 Manager	500	Telefonische Befragung: Bevölkerung, Opinion Leaders Persönliche Befragung: Studenten

(*) Die Stichprobe der Bevölkerung konzentriert sich hier auf die Mittel- und Oberschicht

Die Entscheidung, Opinion Leaders zu befragen, basiert auf der Überlegung, dass das Image eine Landes von verschiedenen Faktoren beeinflusst wird, wobei den Medien und denjenigen, die sich darin äussern (Opinion Leaders), besondere Bedeutung zukommt. Das mittels Medien vermittelte Image gewinnt dabei vor allem in jenen Ländern an Gewicht, in welchen die Bevölkerung kaum Gelegenheit hat, direkte Erfahrungen mit dem entsprechenden Land zu machen. Die Stichproben der Opinion Leaders setzen sich jeweils aus Repräsentanten der Politik, der Medien und der Wirtschaft zusammen. Die Wahl der Studenten-Stichproben lässt sich damit begründen, dass die Studenten in den verschiedenen Untersuchungsländern künftig Teil der Elite sein werden. Die Kenntnis des Images, welches die Studenten der verschiedenen Länder heute von der Schweiz haben, erlaubt somit ein vorsichtiges Antizipieren von Chancen und Problemen des künftigen Images der Schweiz.

Die Befragungsmethode für die Stichprobe der Bevölkerung und diejenige der Opinion Leaders ist die telefonische Befragung. Persönliche Befragungen wurden bei den Studenten gewählt (ausser in Deutschland und Japan). Ergänzend sei vermerkt, dass in den USA keine Studenten befragt worden sind.[55]

2.2 Ziel und Methode der Vergleichsanalyse

Der im Zentrum der nachfolgenden Kapitel stehende Vergleich der Länderstudien basiert auf einer statistischen Analyse der im Rahmen dieser sieben Studien erfassten Datensätze. Die Vergleichsanalyse ist deskriptiver, vergleichender und explorativer Art und wurde mit Hilfe des Statistikprogramms «Statistical Package for the Social Sciences» (SPSS) durchgeführt.

Das *erste Ziel* dieser Vergleichsanalyse besteht darin zu untersuchen, wie unterschiedlich die Schweiz und ihre Charakteristika von den Befragten der verschiedenen Länder wahrgenommen werden. Der Vergleich bezieht sich dabei sowohl auf das Gesamtimage der Schweiz wie auch auf die achtzehn im Rahmen der verschiedenen Erhebungen erfassten Imagedimensionen. Verglichen wurden zudem die Assoziationen, welche am häufigsten mit der Schweiz verbunden werden. Des Weiteren wurde bei jeder Länderstudie das Image von einem oder mehreren Benchmark-Ländern (wie zum Beispiel die Niederlande, Österreich oder Deutschland) einbezogen, mit dem Ziel, die für die Schweiz erhaltenen Resultate im Konkurrenzvergleich betrachten zu können. Auch wurden beim Vergleich der aus den verschiedenen Länderstudien stammenden Daten weitere Variablen – wie zum Beispiel das Alter, das Bildungsniveau oder das Geschlecht der Befragten – berücksichtigt.

[55] In den USA wurde – anstelle der Studenten-Stichprobe – eine Stichprobe von 150 Lehrkräften befragt. Diese Stichprobe konnte für die Vergleichsanalyse allerdings nicht berücksichtigt werden, weshalb nachfolgend, bei Ausführungen zu Studenten-Daten, die entsprechenden Ergebnisse der USA jeweils fehlen.

Ergänzend gilt es nochmals anzuführen, dass die Durchführung einer derartigen Vergleichsanalyse aller sieben Länderstudien nur aufgrund der Beibehaltung einer weitgehend identischen Struktur der Stichproben, der Fragebogen sowie der Skalen möglich gewesen ist.

Das *zweite Ziel* dieser Vergleichsanalyse besteht in der Identifikation von Faktoren, bei welchen – aufgrund der Ergebnisse – ein bedeutender Einfluss auf das Image der Schweiz zu erwarten ist. Hierzu wurde zunächst mit Hilfe einer linearen Regression untersucht, ob zwischen den verschiedenen Charakteristika der Schweiz (Dimensionen) und deren Gesamtimage ein Zusammenhang besteht. Anschliessend wurde anhand eines Vergleichs von Mittelwerten getestet, ob die Kenntnis spezifischer Themen bzw. aktueller Ereignisse oder ein Aufenthalt im Land einen Einfluss auf das Gesamtimage der Schweiz im Ausland hat.

Abschliessend sei erwähnt, dass sich die Ausführungen zu den Ergebnissen der Vergleichsanalyse auf die Präsentation ausgewählter Beobachtungen beschränken, welche durch ihre Singularität oder ihre Konstanz über alle Ländergebnisse hinweg aufgefallen sind.

2.2.1 Variablen

Die für die Vergleichsanalyse berücksichtigten Variablen und die dabei verwendeten Messskalen sind in Tabelle 4 dargestellt. Ebenfalls zu erkennen ist eine Zusammenstellung der jeweils befragten Stichproben.

Die erste Variablengruppe umfasst insgesamt sieben Fragen zur Soziodemographie der Befragten. Diese betreffen das jeweilige Untersuchungsland, den Stichprobentyp (generelle Bevölkerung, Opinion Leader oder Studierende), das Geschlecht, das Alter, das Bildungsniveau sowie die Frage, ob die Befragten schon einmal die Schweiz besucht haben. Die zweite Variablengruppe bezieht sich auf das Gesamtimage der Schweiz, die vierte auf das – anhand der Beurteilung von achtzehn formulierten Dimensionen erfasste – Profil des Images der Schweiz (Detailimage). Zu den Dimensionen des Detailimages gilt es in einer Klammerbemerkung festzuhalten, dass diese unter Berücksichtigung des mit den Studien verfolgten Ziels bestimmt wurden. Die Erhebung des Detailimages beschränkt sich somit auf jene Dimensionen, welche im Hinblick auf die Erarbeitung von Massnahmen zur Imageförderung der Schweiz interessant erschienen.[56] Neben der Beurteilung dieser Dimensionen wird in der dritten Variablengruppe die Bedeutung, welche die Befragten den

[56] Da die Dimensionen nicht in allen Studien vollständig identisch erhoben worden sind, wurden für die Vergleichsanalyse nur jene Dimensionen ausgewählt, welche vollständig vergleichbar waren. Für genauere Ausführungen zur Auswahl der Dimensionen, vgl. Yersin (2007).

einzelnen Dimensionen zur Beurteilung von Ländern beimessen, ermittelt. Dieses Vorgehen ermöglicht eine Gewichtung der verschiedenen Dimensionen und erlaubt dadurch eine differenziertere Auswertung im Hinblick auf die Identifikation von Stärken und Schwächen des Images der Schweiz. Die letzte Variablengruppe untersucht, wie gross die Kenntnis der Befragten zu schweizbezogenen Themen und Ereignissen ist.

Tabelle 4: Überblick über die in der Vergleichsstudie berücksichtigten Variablen

Variablen-gruppen:	Soziodemo-graphische Fragen	Gesamtimage	Bedeutung der verschiedenen Dimensionen	Detailimage (18 Dimensionen)	Kenntnis aktueller Ereignisse (7 Ereignisse)
Verwendete Skalen	-	1-100	1-10	1-10	1-4
Befragte Stichproben	Bevölkerung Opinion Leaders Studenten	Bevölkerung Opinion Leaders Studenten	Bevölkerung	Bevölkerung Opinion Leaders Studenten	Bevölkerung Opinion Leaders Studenten

Abschliessend sei vermerkt, dass bei gewissen Variablengruppen nicht nur die für die Schweiz ermittelten Werte in die Vergleichsanalyse einbezogen werden, sondern auch diejenigen ausgewählter Benchmark-Länder wie zum Beispiel die Niederlande, Österreich, Belgien oder Deutschland.[57] Die Ergebnisse der durchgeführten Analyse können daher absoluter oder – beim Vergleich mit Benchmark-Ländern – relativer Art sein.

2.2.2 Skalen

Versucht man Einstellungs- oder Beurteilungsdaten, welche in verschiedenen Ländern erhoben worden sind, untereinander zu vergleichen, so sieht man sich mit der Problematik der interkulturellen Äquivalenz dieser Daten konfrontiert.[58] Zur Behebung dieses Problems wurden bei den Variablengruppen 2 bis 5 aller Studien von Anfang an numerische Skalen verwendet. Zudem wäre – im Hinblick auf die Vergleichbarkeit der in verschiedenen Ländern erhobenen Datensätze – eine Kalibrierung der Daten erforderlich. Es ist nämlich bekannt, dass Skalen nicht in allen Ländern identisch genutzt werden. So neigen die Befragten gewisser Länder dazu, die Extremwerte der Skalen zu wählen, währenddem bei

57 Für eine Zusammenstellung der in den verschiedenen Länderstudien jeweils berücksichtigten Benchmark-Länder, vgl. Yersin (2007).

58 Vgl. hierzu Bartikowski et al. (2006).

den Befragten anderer Länder eine Tendenz zu mittleren Werten beobachtet werden kann.[59] Um derartige kulturelle Verzerrungen zu eliminieren, wird häufig eine Kalibrierung der erhobenen Daten durchgeführt.[60] Diese Vorgehensweise war im vorliegenden Fall aber nicht möglich, da der Datenbasis die Voraussetzungen für einen solchen Ausgleich fehlen. Zur Durchführung der Vergleichsanalyse musste daher eine alternative Vorgehensweise gewählt werden. Diese besteht im Wesentlichen darin, zu Gunsten von relativen Vergleichen auf möglichst alle direkten bzw. absoluten Vergleiche zu verzichten. Das Interesse richtet sich daher nicht auf den Vergleich der aus verschiedenen Datensätzen berechneten Mittelwerte, sondern vielmehr auf den Vergleich ordinaler Daten, wie zum Beispiel den Rang, den eine bestimmte Dimension in einem Land im Vergleich zu einem anderen belegt.

2.2.3 Grenzen der Vergleichsanalyse

Abschliessend gilt es zur durchgeführten Vergleichsanalyse einige Vorbehalte anzubringen. Ein erster Vorbehalt ist auf den Querschnittscharakter der vorliegenden Untersuchung zurückzuführen, was die Darstellung von kausalen Beziehungen zwischen Variablen erschwert. Zur Identifikation und Erklärung derartiger Beziehungen bedürfte es longitudinaler Studien. Diese Einschränkung ist bei der Interpretation der entsprechenden Ergebnisse zu berücksichtigen.

Ein zweiter bedeutender Vorbehalt dieser Studie bezieht sich auf die verschiedenen Zeitpunkte, in welchen die Studien durchgeführt wurden. So liegt zwischen der ersten und der letzten Studie ein Zeitraum von insgesamt sechs Jahren. Es ist grundsätzlich denkbar, dass sich das Image der Schweiz während dieser Zeitspanne in einem der untersuchten Länder verändert hat. Anders als bei einer Längsschnittuntersuchung, müssten die Daten einer Querschnittstudie gleichzeitig, d. h. zu einem gegebenen Zeitpunkt, erhoben werden. Aufgrund der grundsätzlich hohen zeitlichen Stabilität von Landesimages[61] erscheint der Zeitraum, in dem die verschiedenen Studien durchgeführt worden sind, aber dennoch als genügend kurz zur Erlangung zuverlässiger Resultate.

---

59 So ist zum Beispiel bekannt, dass nordische und asiatische Länder extreme Skalenwerte eher meiden, währenddem südländische Länder (z. B. Spanien) diese Bereiche deutlich häufiger verwenden. Vgl. Bartikowski et al. (2006), S. 211.

60 Vgl. z. B. Weiss Richard (2003).

61 Vgl. bspw. Weiss Richard (2003).

3 Das Gesamtimage der Schweiz im Vergleich

Im Zentrum dieses Kapitels stehen die aus der Vergleichsanalyse hervorgehenden Ergebnisse zum Gesamtimage der Schweiz. Hierbei wird in einem ersten Abschnitt gezeigt, wie die verschiedenen Bevölkerungsstichproben das Gesamtimage der Schweiz im Vergleich mit den Gesamtimages ausgewählter Benchmark-Länder beurteilen (3.1). Danach wird untersucht, ob beziehungsweise inwiefern das Gesamtimage der Schweiz aus der Sicht von Befragten unterschiedlichen Alters, Geschlechts und Bildungsniveaus variiert (3.2). Im dritten Abschnitt wird dargelegt, wie die anderen Befragtengruppen – die Vertreter aus Politik, Wirtschaft und Medien sowie die Studierenden – das Gesamtimage der Schweiz bewerten (3.3).

3.1 Das Gesamtimage der Schweiz im Vergleich mit ausgewählten Benchmark-Ländern

Abbildung 1 präsentiert das Gesamtimage der Schweiz im Vergleich mit dem Gesamtimage der Niederlande oder jenem Österreichs.[62]

Dabei ist zu erkennen, dass die Schweiz in den sieben Untersuchungsländern grundsätzlich ein gutes Gesamtimage hat. Dies zeigen die dargestellten Mittelwerte auf der von 1 bis 100 reichenden Ratingskala. In Grossbritannien erhält die Schweiz 63.2 Punkte, in China 77.8. Dazwischen liegen Frankreich mit 64.2, Spanien mit 64.4, Deutschland mit 69.6, Japan mit 71.7 und die USA mit 73.2 Punkten. Der Vergleich mit den berücksichtigten Benchmark-Ländern macht zudem deutlich, dass das Gesamtimage der Schweiz in Frankreich, Deutschland, Japan, in den USA und in China besser beurteilt wird als das Gesamtimage der Niederlande oder dasjenige Österreichs – beides Länder, welche hinsichtlich ihrer Grösse und Bedeutung ähnlich sind wie die Schweiz. Die Befragten in Grossbritannien und Spanien beurteilen das Gesamtimage der Niederlande besser, dasjenige der Schweiz dagegen kritischer.

---

62 Hierbei gilt es anzumerken, dass die Beurteilung des Gesamtimages des eigenen Landes (Selbstbild) bewusst aus der Vergleichsanalyse ausgeschlossen wurde, da das Selbstbild zum Teil deutlich über, zum Teil aber auch klar unter den Fremdbildern liegt. Vgl. bspw. Weiss Richard (2003), S.167ff.

Abbildung 1: Die Beurteilung des Gesamtimages der Schweiz im Vergleich mit demjenigen der Niederlande und jenem Österreichs

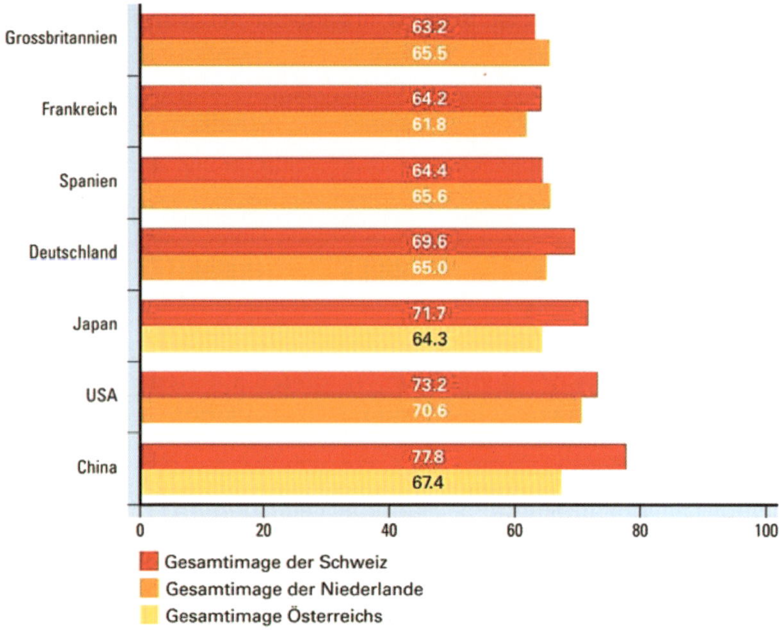

Basis: Bevölkerung, 8009 Personen
Skala: 1-100, wobei 1 = sehr schlecht und 100 = sehr gut

Aus den präsentierten Ergebnissen darf nun aber nicht geschlossen werden, dass das Gesamtimage der Schweiz in einem Land besser ist als in einem anderen, da die Daten aus unterschiedlichen Ländern stammen und eine Kalibrierung der verschiedenen Datensätze für diese Analyse nicht erfolgt ist.[63] Ein relativer Vergleich der verschiedenen Mittelwerte ist jedoch möglich. Hierzu wurde in einem ersten Schritt analysiert, welchen Rang das Gesamtimage der Schweiz in den verschiedenen Untersuchungsländern belegt.[64] Aus diesen Rangzahlen wurde in einem zweiten Schritt der mittlere Rang[65] des Images der Schweiz berechnet und mit den mittleren Rängen der Images der Benchmark-Länder verglichen. Die Erstellung einer Gesamtrangfolge anhand dieser mittleren Rangzahlen

---

63 Vgl. hierzu die Ausführungen in Abschnitt 2.2.2.

64 Die Berechnung der Ränge erfolgt je Untersuchungsland anhand eines Mittelwertvergleichs.

65 Der mittlere Rang entspricht dem Mittelwert der Ränge, welche das Image eines Landes in den verschiedenen Untersuchungsländern belegt.

ermöglicht schliesslich eine generelle Einordnung des Gesamtimages der Schweiz im Vergleich zu den Images der anderen Länder.

Tabelle 5: Das Gesamtimage der Schweiz im Vergleich mit den Gesamtimages ausgewählter Benchmark-Länder, klassiert nach Rang und mittlerem Rang

	Gesamtimage									
Untersuchungsländer	**Schweiz**	**Niederlande**	**Österreich**	**Belgien**	**Tschech. Republik**	**DE**	**FR**	**USA**	**UK**	**Südkorea**
USA	1.	2.	-	-	-	-	-	-	-	-
UK	2.	1.	3.	-	-	-	-	-	-	-
ES	2.	1.	3.	-	-	-	-	-	-	-
FR	1.	3.	-	2.	-	-	-	-	-	-
DE	1.	2.	-	-	3.	-	-	-	-	-
JAP	1.	-	3.	-	-	4.	2.	-	-	-
CN	1	-	6.	-	-	3.	2.	7.	4.	5.
Mittlerer Rang	1.3	1.8	3.8	2.0	3.0	3.5	2.0	7.0	4.0	5.0
Gesamtrangfolge	**1**	**2**	**7**	**3**	**5**	**6**	**3**	**10**	**8**	**9**

Basis: Bevölkerung, 8009 Personen

Tabelle 5 zeigt, dass das Gesamtimage der Schweiz in allen Untersuchungsländern auf dem ersten (USA, Frankreich, Deutschland, Japan und China) oder dem zweiten Rang (Grossbritannien, Spanien) liegt. Die Betrachtung der in der Tabelle dargestellten Gesamtrangfolge macht deutlich, dass das Gesamtimage der Schweiz (1. Rang) besser beurteilt wird als die Gesamtimages der Niederlande (2. Rang), Belgiens und Frankreichs (3. Rang) sowie der anderen für den Vergleich berücksichtigten Länder. Diese Rangfolge muss allerdings mit Vorsicht interpretiert werden, da die Gesamtimages der verschiedenen Benchmark-Länder nicht in allen Untersuchungsländern erfasst wurden.

3.2 Das Gesamtimage der Schweiz in Abhängigkeit soziodemographischer Merkmale

In diesem Abschnitt geht es um die Beurteilung des Gesamtimages der Schweiz in Abhängigkeit verschiedener soziodemographischer Merkmale der Befragten.[66] Konkret umfasst die Analyse die Beurteilung des Gesamtimages in Abhängigkeit des Alters, des Geschlechts sowie des Bildungsniveaus.

Abbildung 2: Das Gesamtimage der Schweiz aus der Sicht von Befragten verschiedener Altersklassen

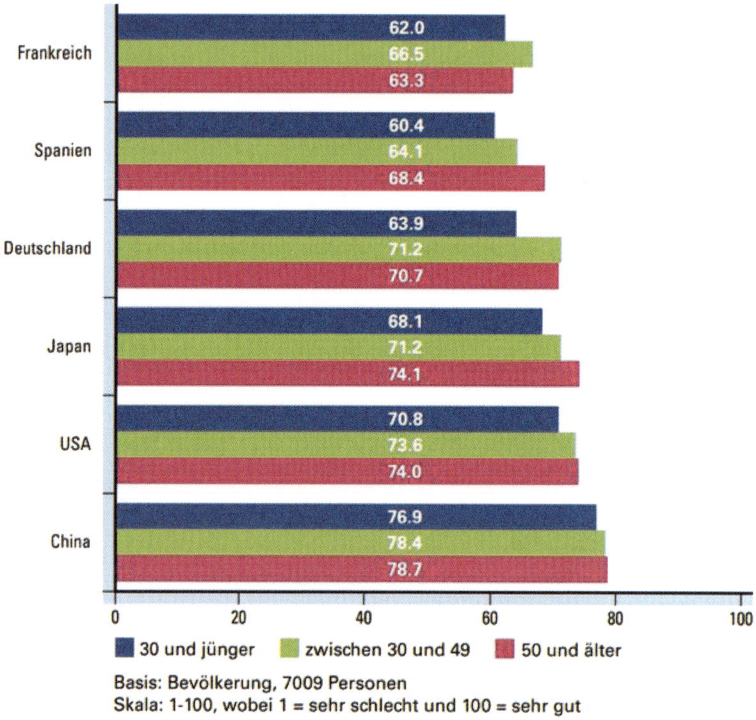

[66] Die soziodemographischen Merkmale wurden nicht in allen Ländern systematisch erfasst. So hat man beispielsweise in Grossbritannien nur die Studenten nach ihrem Alter befragt und das Bildungsniveau wurde gar nicht erfasst. In China wurden zur Erfassung des Bildungsniveaus andere und somit nicht direkt vergleichbare Antwortkategorien verwendet. Bei den nachfolgenden Ausführungen zur Analyse des Gesamtimages der Schweiz in Abhängigkeit des Alters bzw. des Bildungsniveaus fehlen daher die Ergebnisse dieser Länder.

Das Gesamtimage der Schweiz und die Altersklassen

Das Gesamtimage der Schweiz ist grundsätzlich bei allen Altersklassen ähnlich gut (vgl. Abbildung 2).[67] Unterschiede sind zu erkennen, diese sind aus statistischer Sicht aber nicht bedeutend – abgesehen von einigen wenigen Ausnahmen. So haben beispielsweise in Spanien die Befragten der Altersklasse «50 und älter» ein besseres Image der Schweiz als die anderen Befragten. (Die Differenz beträgt +4.3 zur Altersklasse der 30- bis 49-Jährigen und +8 Punkte zur Klasse der unter 30-Jährigen). In Deutschland sind es die unter 30-Jährigen, welche der Schweiz deutlich schlechtere Noten erteilen. Zwischen dem Mittelwert der unter 30-Jährigen, von welchen mit 63.9 von maximal 100 Punkten die insgesamt tiefste Bewertung stammt, und demjenigen der 30- bis 49-Jährigen, welche mit 71.2 die insgesamt höchste Beurteilung abgegeben haben, besteht ein Unterschied von über 7 Punkten. Ergänzend sei zu Deutschland vermerkt, dass die Befragten der Altersklasse «30 und jünger» nicht nur das Gesamtimage der Schweiz, sondern auch dasjenige der Benchmark-Länder (Niederlande und Österreich) schlechter bewertet haben.

Das Gesamtimage der Schweiz und das Geschlecht[68]

Die Analyse des Gesamtimages der Schweiz in Abhängigkeit des Geschlechts der Befragten zeigt, dass die Schweiz von Männern und Frauen ähnlich gut bewertet wird (vgl. Abbildung 3). Bessere Beurteilungen ergeben sich bei Männern aus China (78.9), Deutschland (69.6) und Grossbritannien (63.3) sowie bei Frauen aus Frankreich (65.4), Spanien (65) und den USA (73.7). Die statistische Analyse hat jedoch gezeigt, dass die beobachteten Mittelwertdifferenzen zwischen Männern und Frauen – mit Ausnahme von China – statistisch nicht signifikant sind.

Erwähnenswerte Ergebnisse resultieren auch aus der Analyse der entsprechenden Beurteilungen der Benchmark-Länder. So hat sich beispielsweise gezeigt, dass das Gesamtimage der Niederlande von Männern tendenziell besser beurteilt wird als von Frauen. Dies ist bei den Befragten Grossbritanniens, Spaniens und Frankreichs – also in 3 der 5 zum Image der Niederlande befragten Länder – der Fall. Das Gesamtimage Österreichs dagegen wird von der weiblichen Bevölkerung Grossbritanniens, Spaniens und Chinas besser beurteilt und somit in allen Ländern, in welchen das Image Österreichs erfasst worden ist.

[67] Da in der Länderstudie Grossbritannien nur die Studierenden nach ihrem Alter befragt wurden, fehlen in diesem Abschnitt die entsprechenden Ergebnisse für Grossbritannien.

[68] Da die Frage nach dem Geschlecht bei der japanischen Bevölkerung nicht gestellt wurde, beschränken sich die Ausführungen dieses Abschnitts auf die anderen sechs Länderstudien.

Abbildung 3: Das Gesamtimage der Schweiz aus der Sicht von Befragten unterschiedlichen Geschlechts

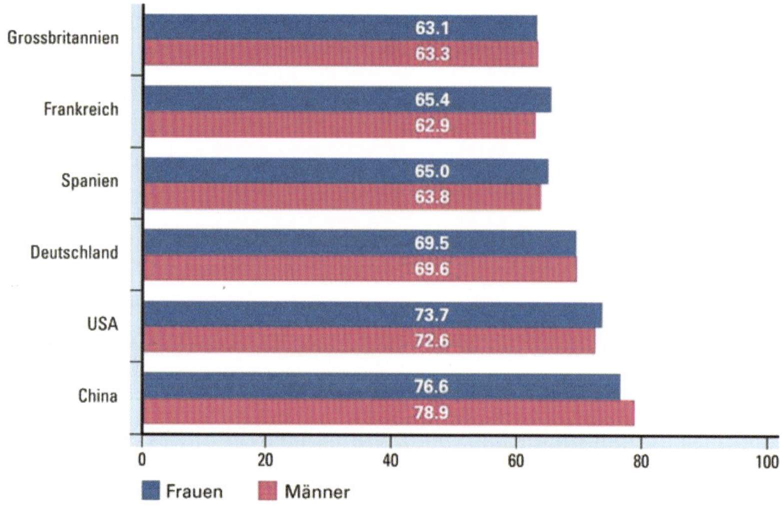

Basis: Bevölkerung, 7009 Personen
Skala: 1-100, wobei 1 = sehr schlecht und 100 = sehr gut

Das Gesamtimage der Schweiz und das Bildungsniveau

Das Gesamtimage der Schweiz ist bei Personen mit hohem Bildungsniveau grundsätzlich ähnlich gut wie bei Personen mit geringerer Bildung. Die in Abbildung 4 zu beobachtenden Beurteilungsdifferenzen – die Beurteilung der Befragten mit höherer Bildung liegt jeweils etwas höher – erwiesen sich nämlich als statistisch unbedeutend. Dies gilt bei den Befragten Japans mit einer Differenz von +0.5, Spaniens mit +0.7, Frankreichs mit +1.8 sowie bei den Befragten Deutschlands mit +1.9 Punkten Differenz. Einzig bei den Befragten aus den USA resultiert – mit einem Unterschied von 6.4 Punkten – eine statistisch signifikante Differenz. Das Gesamtimage der Schweiz wird von amerikanischen Befragten somit deutlich besser beurteilt als von Amerikanern mit tieferem Bildungsniveau.

Abbildung 4: Das Gesamtimage der Schweiz bei Befragten mit unterschiedlichem Ausbildungsniveau

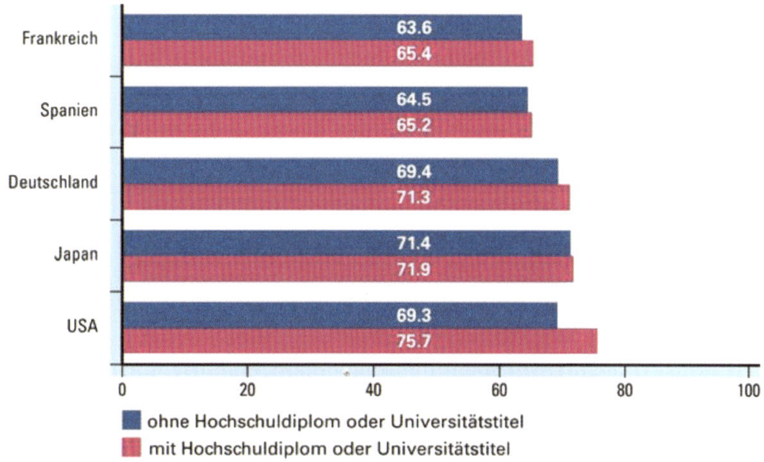

Basis: Bevölkerung, 5009 Personen
Skala: 1-100, wobei 1 = sehr schlecht und 100 = sehr gut

Die Beobachtung, wonach besser ausgebildete Personen das Gesamtimage der Schweiz tendenziell etwas besser beurteilen als Personen mit einem tieferen Bildungsniveau, hat sich auch in Bezug auf die Gesamtimages anderer Länder bestätigt. So hat zum Beispiel eine hier nicht näher dargestellte Analyse ergeben, dass auch das Image der Niederlande von den gut ausgebildeten Befragten aus Frankreich, Deutschland und den USA besser bewertet wird.[69] Ein vergleichbares Ergebnis resultiert auch für das Image von Österreich, welches in der Spanien- und Japanstudie als Benchmark-Land berücksichtigt wurde: die befragten Spanier und Japaner beurteilen das Image Österreichs deutlich besser, sofern sie über ein hohes Bildungsniveau verfügen. Man könnte daher die Hypothese formulieren, dass das Bildungsniveau und damit indirekt auch die Länderkenntnis einen Einfluss auf die Beurteilung des Gesamtimages anderer Länder hat.

69 Also in drei der vier Länder, in denen sowohl das Image der Niederlande wie auch das Bildungsniveau erfasst worden ist.

3.3 Das Gesamtimage der Schweiz bei den Opinion Leaders und den Studenten

Interessante Ergebnisse resultieren auch im Zusammenhang mit der Analyse des Gesamtimages der Schweiz aus der Sicht verschiedener Befragtengruppen[70] (vgl. Abbildung 5).

Abbildung 5: Das Gesamtimage der Schweiz aus der Sicht der Studenten, der Opinion Leaders und der Bevölkerung

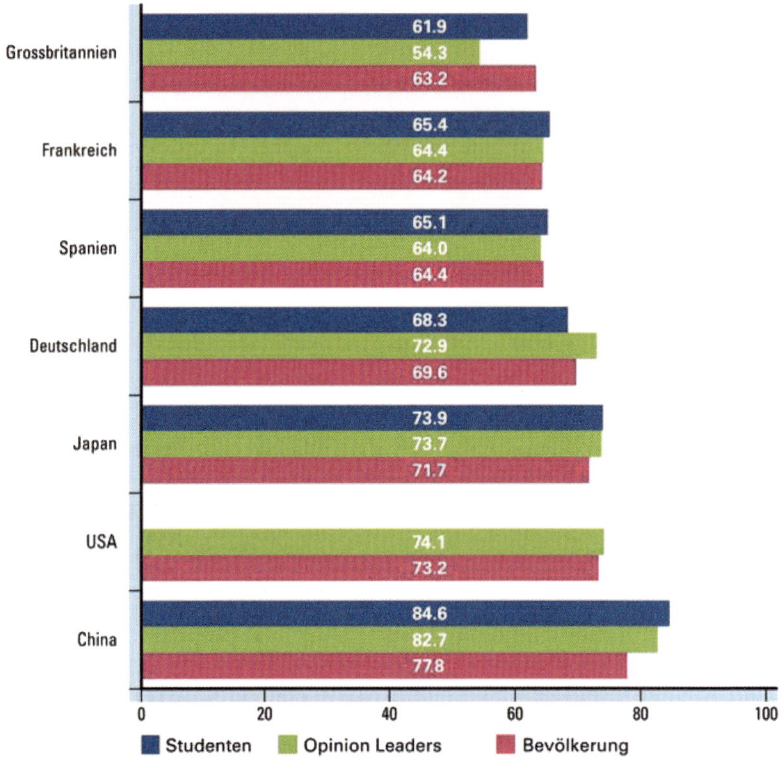

Basis: Alle Befragtengruppen, 13 119 Personen
Skala: 1-100, wobei 1 = sehr schlecht und 100 = sehr gut

[70] Da in den USA keine Studenten befragt worden sind, fehlt diese Befragtengruppe bei den entsprechenden Darstellungen der USA.

So fällt erstens auf, dass die Studierenden das Gesamtimage der Schweiz grundsätzlich besser beurteilen als die Meinungsführer (Opinion Leaders). Dies ist bei 5 der 6 Länder, in welchen diese beiden Gruppen befragt wurden, zu beobachten: In Grossbritannien (+7.6 Punkte), Frankreich (+1), Spanien (+1), Japan (+0.2) sowie in China (+1.9).

Es ist auch zu erkennen, dass das Gesamtimage der Schweiz von den Opinion Leaders häufig besser beurteilt wird als von der Bevölkerung. Dies zeigt sich bei 5 der 7 Länder: Frankreich (+0.2 Punkte), Deutschland (+3.3), Japan (+2), USA (+0.9) und China (+4.9).

Aus der Datenanalyse geht hervor, dass sich die Befragtengruppen in der Beurteilung des Gesamtimages der Schweiz aus statistischer Sicht kaum unterscheiden. Lediglich in drei Ländern können bedeutende Unterschiede identifiziert werden: in Deutschland, China und in Grossbritannien. In Deutschland sind es die Meinungsführer, welche die Schweiz deutlich besser einschätzen (+4.6 Punkte gegenüber Studierenden und +3.3 gegenüber der Bevölkerung). In China wird das Gesamtimage der Schweiz von der Bevölkerung im Vergleich zu den andern Befragtengruppen deutlich tiefer bewertet. (-4.9 Punkte gegenüber den Meinungsführern und (-6.8 Punkte gegenüber den Studierenden). In Grossbritannien schliesslich, stammen die deutlich tiefsten Werte für die Schweiz von den befragten Meinungsführern (-7.6 gegenüber den Studierenden und -9 Punkte gegenüber der Bevölkerung).

Die Beurteilung der Gesamtimages der Niederlande und Österreichs führt zu ähnlichen Ergebnissen wie jene für die Schweiz. Eine hier nicht näher dargestellte Analyse hat gezeigt, dass die besten Werte für diese beiden Länder im Allgemeinen von Seiten der Meinungsführer stammen. Erwähnenswert erscheint auch, dass das Gesamtimage der Niederlande – ähnlich wie beim Image der Schweiz – bei den befragten Meinungsführern Grossbritanniens deutlich schlechter ausfällt.

Aufgrund der deutlichen Schlechterbewertung des Gesamtimages der Schweiz von Seiten der britischen Meinungsführer wurde bei diesen zusätzlich eine detailliertere Analyse durchgeführt. Hierzu wurde untersucht, wie die einzelnen Meinungsführergruppen – d. h. die Politiker, die Journalisten und die Manager – das Image der Schweiz einschätzten. In Abbildung 6 wird gezeigt, dass das Gesamtimage der Schweiz von den britischen Politikern schlechter beurteilt wird als von den Journalisten (-24.8 Punkte) und Managern (-30.6 Punkte). Dieses statistisch relevante Ergebnis muss allerdings mit Vorsicht interpretiert werden, da die britischen Politiker auch der Niederlande deutlich tiefere Noten zuschreiben (-24.6 Punkte im Vergleich zu den Managern und -28 Punkte im Vergleich zu den Journalisten). Interessant erscheint auch, dass die britischen Manager die Schweiz sehr positiv beurteilen (65.3) – sogar positiver als die Bevölkerung Grossbritanniens (63.2).

Abbildung 6: Beurteilung des Gesamtimages der Schweiz und der Niederlande aus der Sicht der britischen Meinungsführer

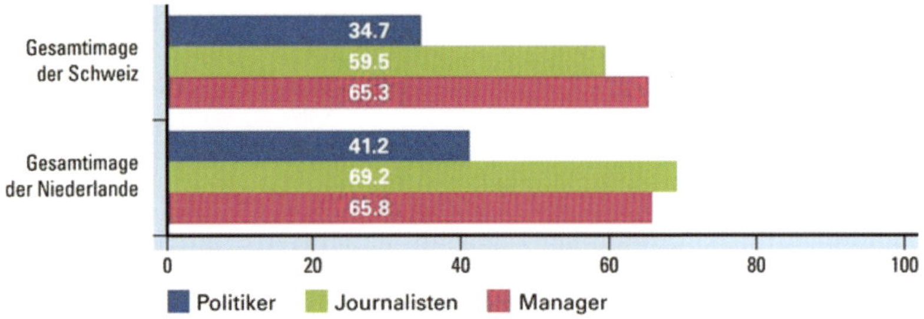

Basis: Opinion Leaders aus Grossbritannien, 342 Personen
Skala: 1-100, wobei 1 = sehr schlecht und 100 = sehr gut

Eine hier nicht weiter dargestellte Analyse der in den andern Ländern befragten Meinungsführergruppen hat zudem gezeigt, dass die Schweiz in Spanien – ähnlich wie in Grossbritannien – von den Politikern schlechter beurteilt wird als von den Managern. In Frankreich sind es dagegen die Journalisten, welche die Schweiz kritischer beurteilen als die Manager. Kleinere Unterschiede zwischen den verschiedenen Befragtengruppen lassen sich auch bei den befragten Meinungsführergruppen der anderen Länder beobachten. Diese sind aber statistisch betrachtet nicht signifikant. Aus statistischer Sicht lässt sich somit festhalten, dass es – mit Ausnahme der oben erläuterten Unterschiede – zwischen den verschiedenen Untergruppen (Politiker, Journalisten, Manager) kaum relevante Beurteilungsdifferenzen zu beobachten gibt.

Die Gesamtheit der Ergebnisse deutet darauf hin, dass das Gesamtimage der Schweiz von den verschiedenen Befragtengruppen wie auch von den verschiedenen Meinungsführergruppen grundsätzlich sehr homogen beurteilt wird.

4 Spontane Assoziationen zur Schweiz im Vergleich

Um das aktive Wissen der Bevölkerung zu erheben, wurden die Befragten der sieben Bevölkerungsstichproben gebeten, spontan jene Sachverhalte zu nennen, welche sie mit der Schweiz assoziieren. Die erfassten Antworten wurden im Rahmen der jeweiligen Auswertungen zu verschiedenen Themenbereichen gruppiert.

Bevor nachfolgend im Detail auf die in den verschiedenen Untersuchungsländern ermittelten Assoziationen eingegangen wird, gilt es einleitend auf zwei allgemeine Beobachtungen hinzuweisen. Eine erste Beobachtung betrifft die Zahl der jeweils angeführten Assoziationen. Diese ist bei der Schweiz im Allgemeinen höher als bei den berücksichtigten Vergleichsländern. So haben beispielsweise in Frankreich lediglich 4% der Befragten keine Assoziation zur Schweiz angeführt – bei Belgien waren es 10%, bei der Niederlande gar 14% der befragten Franzosen. Und in Deutschland betrug die durchschnittliche Zahl der Nennungen zur Schweiz 3.4, jene zur Niederlande lediglich 3.1 und jene zur Tschechei 2.7.

Die Betrachtung der zur Schweiz angeführten Assoziationen zeigt zudem, dass sich die Nennungen vorwiegend auf positive Inhalte beziehen. Bedeutende negative Assoziationen, wie sie beispielsweise bei den befragten Chinesen zu Deutschland auftreten[71], sind zur Schweiz in keinem Untersuchungsland zu beobachten.

Die nachfolgenden Ausführungen beschränken sich auf die zur Schweiz angeführten Assoziationen. Tabelle 6 gibt einen Überblick über die Themen, welche von den Befragten der verschiedenen Länderstudien am häufigsten mit der Schweiz assoziiert wurden. Dabei handelt es sich in absteigender Reihenfolge um folgende Assoziationen:

- *Landschaft und Tourismus* (66% der Deutschen, 57% der Briten, 50% der Japaner, 43% der Amerikaner, 42% der Franzosen, 27% der Spanier und über 20% der Chinesen),
- *Banken* (50% der Franzosen, 29% der Amerikaner, 19% der Briten, 19% der Deutschen, 16% der Chinesen, 11% der Spanier und über 7% der Japaner),
- *Produkte «made in Switzerland»* wie zum Beispiel Uhren, Käse, Schokolade oder Messer (63% der Chinesen, 60% der Franzosen, 51% der Amerikaner, 43% der Deutschen , 29% der Japaner, 26% der Spanier und 19% der Briten),
- *die Neutralität des Landes* (27% der Deutschen, 25.5% der Japaner, 20% der Franzosen, 15% der Amerikaner, 10% der Briten, 9.7% der Chinesen und 4% der Spanier).

---

[71] Wie in Kapitel 7.3 ausgeführt wird, verbinden rund 26% der befragten Chinesen mit Deutschland negative Assoziationen wie «Zweiter Weltkrieg», «Hitler» oder «Nazi».

Diese fünf mit der Schweiz am häufigsten assoziierten Themen entsprechen den im Ausland am meisten verbreiteten Klischees zur Schweiz.

Tabelle 6: Das aktive Wissen über die Schweiz im Vergleich

Assoziationen zur Schweiz – Themenbereiche	Untersuchungsländer						
	USA	UK	ESP	FR	DE	JAP	CN
Landschaft/Tourismus (Berge, Alpen)	▪	▪	▪	▪	▪	▪	▪
Produkte «made in Switzerland» (Uhren, Schokolade, Käse, Produkte der Präzisionsindustrie)	▪	▪	▪	▪	▪	▪	▪
Banken/Finanzen/Wirtschaft	▪	▪	▪	▪	▪	▪	▪
Politik (Neutralität)	▪	▪	▪	▪	▪	▪	▪
Sport/Freizeit (Ski, Eislauf)	▪	▪			▪	▪	▪
Hohe Lebensqualität			▪	▪	▪		▪
Einwohner/Einstellungen (sympathisch, mehrsprachig, neutral)	▪	▪		▪	▪		
Bankgeheimnis/Schwarzgeld		▪	▪				
Intakte Umwelt (saubere Luft)						▪	▪
Soziale Sicherheit						▪	▪
Politik (Isolation, Unabhängigkeit)				▪			
Sauber/ordentlich/modern/effizient		▪		▪			
2. Weltkrieg/Geschichte (Nazis, Juden)		▪					
Kultur/Geschichte					▪		
Friede/friedliches Land						▪	
Heidi						▪	
Wetter/Klima (Kälte, Schnee)	▪						

Zu den spontan angeführten Themen gilt es vorweg anzumerken, dass diese zum Teil ambivalent sind. So ist beispielsweise das Thema Banken eng mit der Finanzindustrie verbunden. Assoziiert werden hier zum Teil aber auch kritischere Nennungen wie zum Beispiel «Geld/Geldwäscherei/Schwarzgeld» (2.1% in Frankreich und 3% in Spanien) oder das «Bankgeheimnis» (14% in den USA und 2% in Frankreich).[72] Auch die Assoziationen zum Thema Neutralität sind nicht immer nur positiver oder neutraler Art, zeigen doch die Antworten, dass diese häufig auch im Zusammenhang mit der Isolierung der Schweiz (20% der Franzosen) und der Ablehnung einer EU-Mitgliedschaft (4% in Spanien und 2% in Frankreich) stehen.[73]

In Asien – d. h. in China und Japan – besteht vor allem ein von Klischees geprägtes Bild der Schweiz.[74] Zum Stichwort Schweiz nennen die Befragten vor allem die schöne Landschaft sowie die typischen Schweizer Produkte (Uhren, Käse, Schokolade etc.). Die Schweiz wird als friedliches, «idyllisches» Land gesehen, welches seinen Einwohnern die Grundlage für ein gesundes und harmonisches Leben bietet. Dies zeigt sich beispielsweise darin, dass im Zusammenhang mit der Schweiz 7% der Chinesen Nennungen zur intakten Umwelt anführen und 15% der Japaner «die Natur» assoziieren. Auch die Nennung von «Heidi» durch 5% der japanischen Bevölkerung unterstreicht den «idyllischen» Charakter, welchen das Image der Schweiz in Japan innehat.

Neben den üblichen Klischees der Schweiz assoziieren die Briten und die Amerikaner mit der Schweiz häufig das Thema Freizeit – insbesondere den Skisport. Knapp ein Drittel der britischen Bevölkerung und knapp ein Fünftel der amerikanischen Bevölkerung nennen diese Sportart. Zudem denkt jeder zehnte Amerikaner beim Begriff «Schweiz» spontan an Schnee und Kälte.

Eine im Zusammenhang mit der Schweiz ebenfalls mehrfach angeführte Assoziation betrifft die Sauberkeit. Insbesondere die Briten und die Franzosen verbinden mit der Schweiz Sauberkeit, Modernität, Ordnung und Effizienz (12% der Briten und 16% der Franzosen).

Im Gegensatz zur Bevölkerung Japans, Chinas, Grossbritanniens oder der USA führen die Befragten des europäischen Festlandes häufig auch Nennungen zu politisch-ökonomischen Aspekten der Schweiz an. In diesem Zusammenhang gilt es darauf hinzuweisen, dass in einigen Ländern beim Stichwort «Schweiz» offenbar auch gewisse «Made in»-Aspekte spontan genannt werden, auch wenn das Landesimage der Schweiz nicht primär auf «Made in»-Elementen beruht.[75] Eine detaillierte Analyse zeigt, dass hierbei in erster Linie die wirtschaftliche Macht des Landes (21% der Deutschen und 17% der Spanier), die Banken

---

[72] Vgl. Imagestudien in Spanien und in den USA sowie die vergleichende Analyse in den USA, Grossbritannien, Spanien und Frankreich (www.presence.ch).

[73] Vgl. Imagestudie in Spanien (www.presence.ch).

[74] Für eine detaillierte Darstellung der mit der Schweiz assoziierten Vorstellungen in China vgl. Abschnitt 7.3.

[75] Vgl. hierzu auch die Ausführungen in Abschnitt 5.1.

(50% der Franzosen, 19% der Deutschen und 11% der Spanier) und die Lebensqualität[76] (30% der Deutschen, 12% der Franzosen, 7% der Spanier) erwähnt werden. Bei den Nennungen zu politischen Aspekten werden im Zusammenhang mit der Schweiz in erster Linie die direkte Demokratie und die Regierungsstruktur (27% der Deutschen und 4% der Spanier) genannt.[77]

Das soziale Verhalten der Schweizer, welches von 20% der deutschen Bevölkerung genannt wird, enthält ebenfalls Kritikpunkte, da rund 5% dieser Befragten den Schweizern eine zu geringe Freundlichkeit vorwerfen. Die Resultate der in Deutschland durchgeführten Studie zeigen zudem, dass 14% der Bevölkerung die hohen Lebenshaltungskosten der Schweiz bemängeln.

Es lässt sich somit festhalten, dass das Image der Schweiz von einer gewissen Homogenität zeugt, da die üblichen Klischees der Schweiz in den Untersuchungsländern verbreitet sind. Man stellt aber auch fest, dass die Aussagen, welche über die allgemein bekannten Klischees hinausgehen, zwischen den verschiedenen Ländern zum Teil deutlich variieren – insbesondere zwischen den asiatischen und den europäischen Ländern. So hat die Schweiz in Japan und in China ein eher idyllisches Image, währenddem sie in Frankreich, Deutschland, Spanien, Grossbritannien und in den USA viel pragmatischer, aber auch kühler und nuancierter gesehen wird.

Abschliessend sei noch erwähnt, dass die Schweiz auch weitgehend als Ferienland wahrgenommen wird, da die Spanier, Franzosen, Deutschen und Japaner im Zusammenhang mit der Schweiz häufig den Tourismus anführen.

---

76 Die Lebensqualität wurde in Kapitel 5 überdies als potentielle Stärke der Schweiz identifiziert.

77 Vgl. Imagestudien in Grossbritannien und in Frankreich sowie die vergleichende Analyse des Images der Schweiz in den USA, in Grossbritannien, Spanien und Frankreich (www.presence.ch).

5 Die Dimensionen des Images der Schweiz im Vergleich

Die Analyse des Detailimages der Schweiz erfolgt anhand von insgesamt 18 Dimensionen, welche sich entweder auf das «Made in»-Image oder das «Live in»-Image der Schweiz beziehen.[78] Bei den Dimensionen handelt es sich um Aussagen, welche von der Qualität der Produkte über die Freundlichkeit der Einwohner bis hin zur politischen Stabilität des Landes reichen. In einem ersten Schritt wurden die Befragten nach der Bedeutung gefragt, welche sie den einzelnen Dimensionen zur Beurteilung von Ländern beimessen. In einem zweiten Schritt wurden die Befragten dann gebeten, bei jeder Dimension – auf einer von 1 (= trifft nicht zu) bis 10 (= trifft völlig zu) reichenden Skala – den Grad ihres Zutreffens auf die Schweiz anzugeben.

Die Beurteilung der Dimensionen anhand ihres Zutreffens auf die Schweiz erlaubt zum einen die Darstellung des Imageprofils der Schweiz im Ausland, zum anderen lassen sich auch allfällige Meinungsunterschiede erkennen (5.1). Eine Gegenüberstellung der beurteilten Dimensionen und der zugeteilten Bedeutung der Dimensionen ermöglicht zudem die Identifikation der Stärken und Schwächen des Images (5.2). Ergänzend sei vermerkt, dass die den einzelnen Dimensionen attestierte Bedeutung im Folgenden nicht im Detail präsentiert wird, sondern bei gewissen Grafiken, in Kombination mit der Beurteilung der Dimensionen, verwendet wird.[79]

5.1 Die Beurteilung der Dimensionen für die Schweiz

Ziel der nachfolgenden Ausführungen ist es, die Beurteilung der Imagedimensionen in den sieben Untersuchungsländern zu vergleichen und allfällige Meinungsunterschiede in der Beurteilung der Schweiz aufzudecken. Dieser Vergleich basiert – genau wie jener beim Gesamtimage – auf der Analyse von Rangzahlen.[80] Hierzu wurden zunächst in jedem Untersuchungsland die Rangzahlen der für die Schweiz beurteilten Dimensionen bestimmt. Anschliessend wurde für jede Dimension ein mittlerer Rang berechnet, aus welchen sich schliesslich eine Gesamtklassierung bzw. eine Gesamtrangfolge aller für die Schweiz beurteilten Dimensionen erstellen liess.

---

78 In China wurden lediglich 12 Dimensionen erhoben. Vgl. hierzu die Ausführungen in Abschnitt 7.1 und 7.4.

79 Für detaillierte Daten zur Analyse der Bedeutung der Dimensionen vgl. Yersin (2007).

80 Dies ist nötig, da bei diesem Vergleich die Datensätze der verschiedenen Untersuchungsländer verglichen werden. Vgl. hierzu auch die Ausführungen in Abschnitt 2.2.2.

Ein Vergleich der Rangzahlen, welche eine bestimmte Dimension in den verschiedenen Untersuchungsländern erreicht, ermöglicht die Identifikationen der Dimensionen, bei welchen die Meinungen divergieren.[81] Und mit Hilfe der Gesamtklassierung aller Dimensionen lässt sich ein generelles Profil für das Image der Schweiz ermitteln.

Das Imageprofil der Schweiz

Die Dimension, welche insgesamt am besten auf die Schweiz zutrifft, ist «politisch stabil». Wie Tabelle 7 zu entnehmen ist, zählt diese in allen Untersuchungsländern zu den drei die Schweiz am besten charakterisierenden Imagedimensionen. Zwei weitere, sich auf das Leben in der Schweiz beziehende Dimensionen belegen Rang zwei und drei der Gesamtrangfolge. Konkret handelt es sich dabei um die Dimensionen «bietet hohe Lebensqualität» und «ist ein Ort, den man gerne besucht». Die erste Dimension wird insbesondere in den USA, in Grossbritannien, Spanien, Deutschland und China sehr gut bewertet, währenddem die zweite vor allem in den USA, in Grossbritannien, Frankreich, Deutschland und Japan sehr gute Rangzahlen erreicht.

Weitere, für die Schweiz charakteristische Dimensionen sind zum Beispiel «kümmert sich um eine intakte Umwelt» (Rang 4), «geniesst weltweit hohes Ansehen» (Rang 5), «hat Produkte von Weltklasseniveau» (Rang 6) und «hat ein hohes Bildungs- und Forschungsniveau» (Rang 7). Eine Betrachtung dieser für die Schweiz in den meisten Untersuchungsländern als zutreffend beurteilten Dimensionen macht deutlich, dass die Schweiz im Ausland vorwiegend über ihre soziokulturellen Charakteristika wahrgenommen wird.

---

[81] Die gemessene Differenz zwischen dem Rang einer Dimension in einem Land und den Rängen, welche diese Dimension in anderen Ländern einnimmt, erlaubt die Identifikation allfälliger Meinungsunterschiede. Konkret wurden im Rahmen der durchgeführten Analyse in jedem Land die absoluten Differenzen zwischen dem erreichten und dem mittleren Rang berechnet, wodurch sich das Ausmass der Divergenzen oder Konvergenzen erkennen liess.

Tabelle 7: Klassierung der Dimensionen aufgrund ihrer Beurteilung für die Schweiz

Dimensionen	Erreichter Rang je Untersuchungsland							Mittlerer Rang	Gesamt-rangfolge
	USA	UK	ES	FR	DE	JAP	CN		
Ist politisch stabil	2.1	2	2	3	1	3	2.8	2.2	**1**
Bietet eine hohe Lebensqualität	3.1	1	1	4	2	7	1	2.7	**2**
Ist ein Ort, den man gerne besucht	1	3	10	2	3	2	5.3	3.8	**3**
Kümmert sich um eine intakte Umwelt	5.3	4	4	7	10	1	3.8	5.0	**4**
Geniesst weltweit hohes Ansehen	4.2	6	2	13	3	6	12.3	6.6	**5**
Hat Produkte von Weltklassequalität	6.3	7	6	11	5	9	8.1	7.5	**6**
Hat ein hohes Bildungs- und Forschungsniveau	8.4	5	5	8	7	13	6.7	7.6	**7**
Hat herzliche und freundliche Einwohner	7.4	11	18	1	13	5	9.5	9.3	**8**
Ist bekannt für verlässliche und vertrauenswürdige Geschäftspartner	11.6	10	8	12	7	14	.	10.4	**9**
Verfügt über eine hohe und vielfältige Kultur	.	18	11	5	12	4	13.8	10.6	**10**
Unterstützt humanitäre und menschenrechtliche Anliegen	12.7	12	16	6	16	8	.	11.8	**11**
Hat Firmen, die international wettbewerbsfähig sind	12.7	9	7	17	6	17	15.2	12.0	**12**
Ist zukunftsorientiert	14.8	14	9	10	11	10	16.6	12.2	**13**
Arbeitet auf internationale Zusammenarbeit hin	9.5	13	17	9	18	10	.	12.8	**14**
Bietet gute Investitions-möglichkeiten	10.6	8	12	16	14	18	.	13.1	**15**
Erlaubt Bürgern starken Einfluss auf die politischen Entscheidungsfindungen	15.9	15	14	14	9	12	.	13.3	**16**
Ist bekannt für moralisches und verantwortungs-bewusstes Handeln im Geschäftsleben	18	17	12	15	17	15	10.9	15.0	**17**
Hat innovative Produkte	16.9	16	15	18	15	16	18	16.4	**18**

☐ Dimensionen, welche sich auf das «Live in»-Image beziehen

▩ Dimensionen, welche sich auf das «Made in»-Image beziehen

Basis: Bevölkerung, 8009 Personen

Auf der anderen Seite lassen sich auch verschiedene Dimensionen erkennen, die für die Schweiz nur wenig zutreffen. So wird die Schweiz im Ausland als ein wenig innovatives und zukunftsorientiertes Land betrachtet. Die Dimension «hat innovative Produkte» belegt in der Gesamtrangfolge den letzten Rang, die Dimension «ist zukunftsorientiert» lediglich Rang dreizehn. Des Weiteren fällt auf, dass die Schweiz auch bei gewissen, sich auf ökonomische Aspekte beziehenden «Made in»-Dimensionen keine guten Klassierungen erreicht. So ist der Gesamtrangfolge zu entnehmen, dass Schweizer Unternehmen für ihr moralisches und verantwortungsbewusstes Handeln im Geschäftsleben nicht wirklich bekannt sind (Rang 17). Und auf der Dimension «bietet gute Investitionsmöglichkeiten» belegt die Schweiz lediglich Rang fünfzehn. Bei der Interpretation dieser Ergebnisse gilt es allerdings zu berücksichtigen, dass die Beurteilung der Dimensionen aus der Sicht der Bevölkerung erfolgte und nicht von politischen oder wirtschaftlichen Entscheidungsträgern.

Das Engagement der Schweiz in humanitären und internationalen Bereichen wird von den Befragten ebenfalls als wenig charakteristisch für die Schweiz angesehen, belegen die Dimensionen «arbeitet auf internationale Zusammenarbeit hin» und «unterstützt humanitäre und menschenrechtliche Anliegen» lediglich Rang vierzehn bzw. elf der Gesamtrangfolge. Überraschend erscheint auch, dass die Schweizer Demokratie in den Augen der meisten Befragten kein charakteristisches Element der Schweiz darstellt, da die Dimension «erlaubt den Bürgern einen starken Einfluss auf die politischen Entscheidungsfindungen» nur den sechzehnten Rang der Gesamtrangfolge erreicht.

Der Vergleich der pro Untersuchungsland berechneten Mittelwerte der «Made in»-Dimensionen mit jenen der «Live in»-Dimensionen bestätigt dieses Ergebnis. Aus Sicht der Befragten treffen die «Live in»-Dimensionen besser auf die Schweiz zu als die «Made in»-Dimensionen, da – wie in Abbildung 7 zu erkennen ist – der Mittelwert der ersten diejenigen der zweiten in allen Untersuchungsländern übertrifft.[82] Hierbei gilt es allerdings zu bedenken, dass klassische «Made in»-Dimensionen wie zum Beispiel das Design oder das Preis-Leistungs-Verhältnis in den vorliegenden Studien nicht untersucht wurden. Das dargestellte Ergebnis ist für die Schweiz aber insofern positiv zu werten, als den «Live in»-Dimensionen zur Beurteilung von Ländern eine vergleichsweise deutlich höhere Bedeutung attestiert worden ist.[83]

---

[82] Ergänzend sei vermerkt, dass die Signifikanz dieser Resultate nicht getestet worden ist, da mit dieser Abbildung lediglich die allgemeine Tendenz der Ergebnisse dargestellt werden soll.

[83] Vgl. Yersin (2007).

Ergänzend sei an dieser Stelle vermerkt, dass diese Analyse der Dimensionen nicht nur für das Image der Schweiz, sondern auch für das Image der Niederlande und dasjenige Deutschlands durchgeführt worden ist. Interessante Ergebnisse resultieren aus der Gegenüberstellung dieser Ergebnisse. So hat der Vergleich des Imageprofils der Schweiz mit demjenigen der Niederlande ergeben, dass die Wahrnehmung dieser beiden Länder im Ausland gewisse Ähnlichkeiten aufweist. Die befragten Personen charakterisieren das Image der Niederlande – genau wie dasjenige der Schweiz – in erster Linie anhand von «Live in»-Dimensionen. Konkret handelt es sich dabei um die Dimensionen «ist ein Ort, den man gerne besucht» und «ist politisch stabil». Und es sind auch hier «Made in»-Dimensionen, die aus der Sicht der Befragten am wenigsten auf die Niederlande zutreffen. Zu diesen zählen vor allem «bietet gute Investitionsmöglichkeiten», «hat innovative Produkte» und «Firmen, die für ihr moralisches und verantwortungsbewusstes Handeln im Geschäftsleben bekannt sind». Die vergleichsweise geringere Grösse des Landes, die geringere Bekanntheit seiner Wirtschaft und die kleinere Zahl an international tätigen Unternehmen vermögen diese Ergebnisse zumindest teilweise zu erklären.

Abbildung 7: Das «Made in»-Image der Schweiz im Vergleich mit dem «Live in»-Image der Schweiz

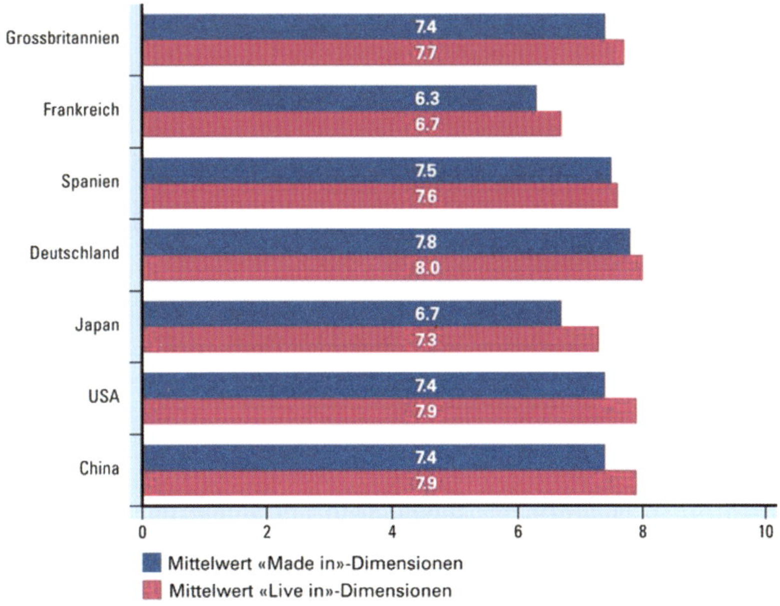

Basis: Bevölkerung, 8009 Personen
Skala: 1-10, wobei 1 = trifft nicht zu und 10 = trifft völlig zu

Anders sieht es bei Deutschland aus. Das Image Deutschlands lässt sich am besten mit «Made in»-Dimensionen charakterisieren – insbesondere anhand der beiden Dimensionen «hat Produkte von Weltklassequalität» sowie «Firmen, die international wettbewerbsfähig sind». Deutschland ist somit vor allem bekannt für seine Industrie, die Präzision seiner Produkte bzw. seine qualifizierten Arbeitskräfte.

Meinungsdivergenzen und -konvergenzen

Vergleicht man die in den verschiedenen Untersuchungsländern je Dimension erreichten Rangzahlen (vgl. Tabelle 7), so fällt auf, dass sich die Meinungen der Befragten lediglich bei der Dimension «verfügt über eine hohe und vielfältige Kultur» stark unterscheiden. Diese Dimension ist nach Einschätzung der Befragten Japans charakteristisch für die Schweiz und belegt dort den vierten Rang. Nicht so bei den Befragten Grossbritanniens, wo die Dimension auf dem achtzehnten Rang liegt.

Erwähnenswert erscheint zudem, dass die Schweiz auch von den Befragten Europas nicht immer gleich beurteilt wird. Dies verdeutlichen beispielsweise die unterschiedlichen Urteile der Franzosen und Spanier bei der Dimension «hat herzliche und freundliche Einwohner» (vgl. Abbildung 8). Diese wird in Frankreich als charakteristischste Dimension für die Schweiz eingeschätzt, besetzt in Spanien jedoch lediglich Rang achtzehn.

Abbildung 8: Meinungsdifferenzen bei der Dimension «hat herzliche und freundliche Einwohner»

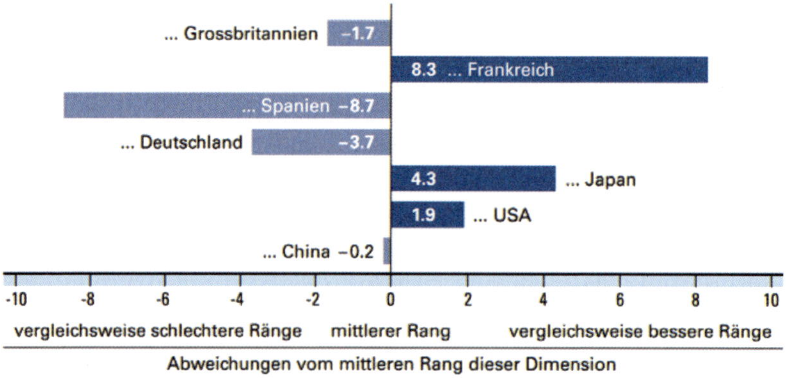

Basis: Bevölkerung, 8009 Personen

Die Wettbewerbsfähigkeit von Schweizer Unternehmen ist ebenfalls Gegenstand gewisser Meinungsunterschiede. So sind die Befragten Deutschlands der Meinung, dass diese Dimension zu den für die Schweiz zutreffendsten Aussagen zählt (Rang sechs), was in Frankreich – mit dem siebzehnten Rang – allerdings nicht bestätigt wird.

Einige Dimensionen fallen nicht aufgrund von Meinungsunterschieden auf, sondern vielmehr aufgrund der hohen Ähnlichkeit der Urteile über alle Untersuchungsländer hinweg. So handelt es sich beispielsweise bei der Dimension «ist politisch stabil» bzw. bei der Dimension «Produkte von Weltklassequalität» um diejenigen Aussagen, bei welchen die Meinungen über die Schweiz die grösste Übereinstimmung aufweisen.[84] Übereinstimmende Meinungen zeigen sich auch beim Innovationsgrad von Schweizer Produkten – wobei diese Dimension aber generell als wenig zutreffend für die Schweiz beurteilt wird.[85]

5.2 Stärken und Schwächen des Images der Schweiz

Die Bedeutung, welche die Befragten den verschiedenen Dimensionen beimessen, kombiniert mit der Beurteilung dieser Dimensionen für die Schweiz, erlaubt es, die Stärken und Schwächen des Schweizer Images herauszuarbeiten.[86] Zur Darstellung dieser Stärken und Schwächen werden im Folgenden Grafiken verwendet, in denen jeder Punkt einer bestimmten Kombination der Variablen Bedeutung und der Variablen Beurteilung entspricht. Die Achsenbeschriftung bezieht sich auf die jeweils erreichte Rangzahl der Dimension. Dies bedeutet, dass je besser bzw. höher der einer Dimension zugeschriebene Wert ist, desto kleiner ist deren Rangzahl. Die aus der kombinierten Analyse dieser beiden Variablen resultierenden Punkte lassen sich in vier Quadranten einteilen[87] (vgl. Abbildung 9), wodurch sich vier spezifischen Typen von Dimensionen bestimmen lassen.

[84] Bei der Aussage zur politischen Stabilität beträgt die summierte Differenz zum mittleren Rang 3.9 Punkte, bei der Aussage zur Produktqualität 10.9 Punkte.

[85] Die summierte Differenz zum mittleren Rang beträgt hier 7.3 Punkte.

[86] Da die Bedeutung einiger Dimensionen in China und Grossbritannien nicht erfasst worden sind, fehlen diese in den entsprechenden Darstellungen dieses Abschnitts. Vgl. hierzu Yersin (2007).

[87] Die Einteilung der vier Quadranten erfolgt jeweils anhand der beiden für die Bedeutung und die Bewertung der Schweiz berechneten mittleren Ränge (gestrichelte Linien). Der mittlere Rang einer Dimension wiederum resultiert aus dem Durchschnitt der Ränge, den diese Dimension in den verschiedenen Untersuchungsländern belegt.

Abbildung 9: Beispiel der kombinierten Darstellung der Bedeutung und der Bewertung der Schweiz

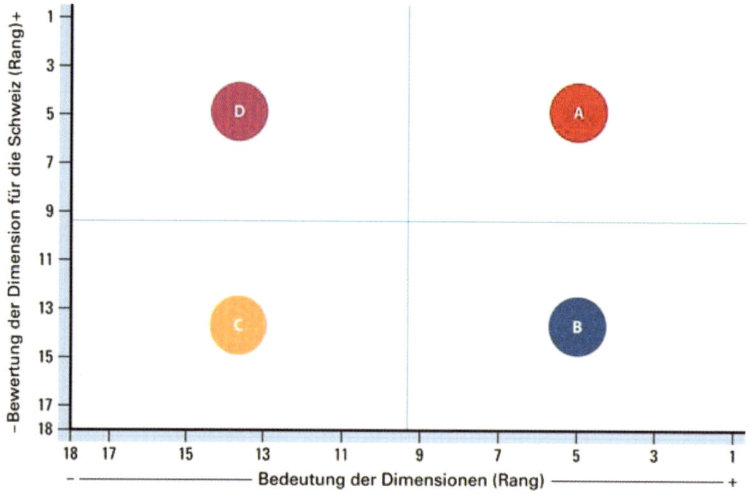

Konkret werden folgende vier Dimensionstypen unterschieden:

- Die Punkte im Quadranten A beziehen sich auf Dimensionen, die als Stärken des Schweizer Images betrachtet werden können, da sie als bedeutend und für die Schweiz zutreffend beurteilt werden.
- Die Punkte im Quadranten B entsprechen den Dimensionen, welche als Schwächen der Schweiz zu interpretieren sind, da sie als bedeutend angesehen werden, gleichzeitig aber schlecht beurteilt werden.
- Bei den Punkten im Quadranten C handelt es sich um Dimensionen, welche man als neutral betrachten kann, da die Schweiz auf diesen schlecht beurteilt wird und diesen nur eine geringe Bedeutung zugesprochen wird.
- Die Punkte im Quadranten D entsprechen denjenigen Dimensionen, welche als so genannte Pluspunkte zu interpretieren sind, da sie – obwohl wenig bedeutend – für die Schweiz gut beurteilt werden.

Die Darstellung der im Rahmen der Vergleichsanalyse identifizierten Stärken und Schwächen erfolgt im Folgenden nach Themenbereichen: Die Schweiz als soziokultureller Lebensraum, die Internationalität der Schweiz und ihres Engagements, die Eigenheiten des politischen Systems der Schweiz, die Schweizer Unternehmen und die Dimensionen zur Produktequalität und -innovation.

Dimensionen zur Schweiz als soziokultureller Lebensraum

Die Dimensionen, welche sich auf ein *Land als Lebensraum* beziehen, werden insgesamt als sehr bedeutend beurteilt und die Schweiz erzielt bei diesen Dimensionen sehr gute Noten. Es handelt sich hierbei um die Hauptstärke der Schweiz.

Auf der Dimension «kümmert sich um eine intakte Umwelt» erreicht die Schweiz ein ausgezeichnetes Ergebnis. Wie in Abbildung 10 zu erkennen ist, wird diese Dimension von den Befragten aller Untersuchungsländer als sehr bedeutend und als für die Schweiz sehr zutreffend beurteilt. Die Rangzahlen reichen vom ersten Rang in Japan bis zum zehnten Rang in Deutschland.

Abbildung 10: Kombinierte Analyse der Dimension «kümmert sich um eine intakte Umwelt»

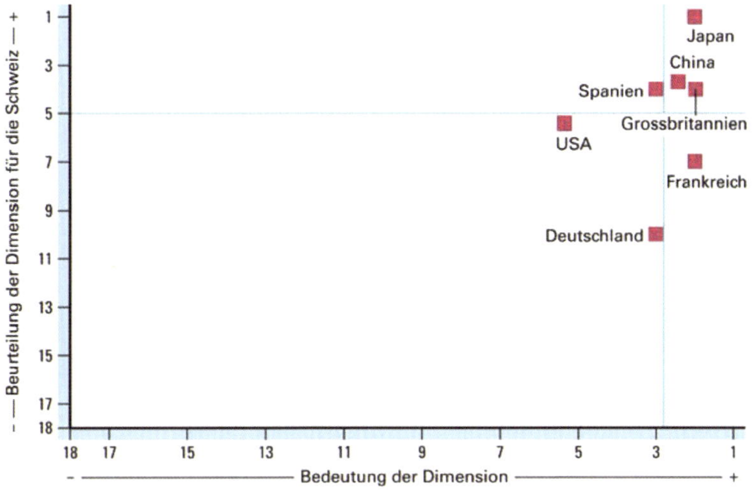

Basis: Bevölkerung, 8009 Personen
Skala: Rang 1-18, wobei 1 = hohe Bedeutung bzw. auf die Schweiz zutreffend und 18 = geringere Bedeutung bzw. auf die Schweiz weniger zutreffend

Die politische Stabilität zählt ebenfalls zu den Dimensionen, welche von den Befragten der meisten Länder (mit Ausnahme von Spanien und Frankreich) als sehr bedeutend eingeschätzt werden. Die Schweiz belegt auf dieser Dimension in allen Untersuchungsländern einen ausgezeichneten Rang (vgl. Abbildung 11)

Abbildung 11: Kombinierte Analyse der Dimension «ist politisch stabil»

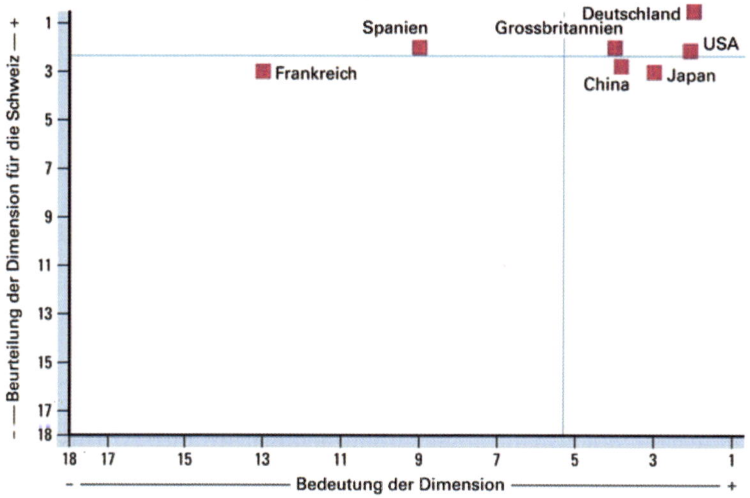

Basis: Bevölkerung, 8009 Personen
Skala: Rang 1-18, wobei 1 = hohe Bedeutung bzw. auf die Schweiz zutreffend und 18 = geringere Bedeutung bzw. auf die Schweiz weniger zutreffend

Die Dimension zur Lebensqualität eines Landes wird – wie Abbildung 12 zeigt – für die Schweiz ebenfalls sehr gut beurteilt. Allerdings wird der Dimension eine etwas geringere Bedeutung zugesprochen. Erwähnenswert erscheint, dass die japanische Bevölkerung diese Dimension zur Beurteilung von Ländern als wenig bedeutend einschätzt und dass die Schweiz im Vergleich mit den Ergebnissen der anderen Befragten in Japan nur einen mittleren Rang belegt.

Die in Abbildung 13 dargestellte Dimension «hat ein hohes Forschungs- und Bildungsniveau» wird von der Mehrzahl der Befragten als auf die Schweiz zutreffend beurteilt. Und in den meisten Untersuchungsländern wird dieser Dimension eine hohe Bedeutung attestiert. Eine etwas abweichende Beurteilung zeigt sich auch hier wieder bei der Bevölkerung Japans. Wie aus dieser Abbildung hervorgeht, erachten die Japaner diese Dimension nicht als bedeutend (Rang zehn) und als wenig zutreffend auf die Schweiz (Rang dreizehn). Aufgrund dieses Ergebnisses stellt sich die Frage, ob sich die effektive Bedeutung, welche in Japan der Bildung und Forschung beigemessen wird, dazu führt, dass diese Dimension auch zur Beurteilung anderer Länder als weniger bedeutend eingeschätzt wird.

Abbildung 12: Kombinierte Analyse der Dimension «bietet eine hohe Lebensqualität»

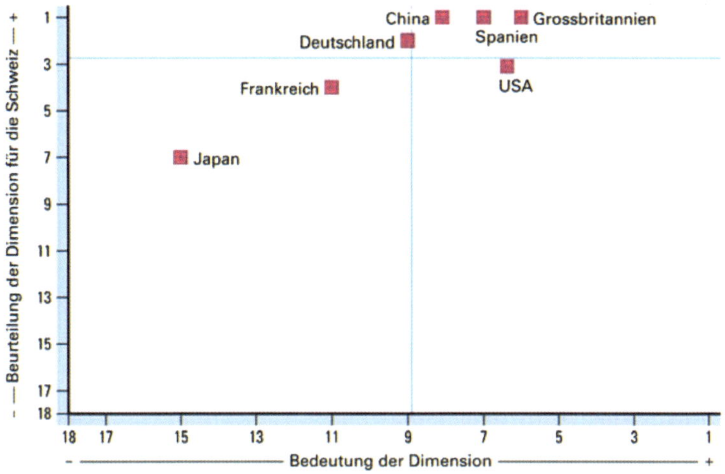

Basis: Bevölkerung, 8009 Personen
Skala: Rang 1-18, wobei 1 = hohe Bedeutung bzw. auf die Schweiz zutreffend und 18 = geringere Bedeutung bzw. auf die Schweiz weniger zutreffend

Abbildung 13: Kombinierte Analyse der Dimension «hat ein hohes Forschungs- und Bildungsniveau»

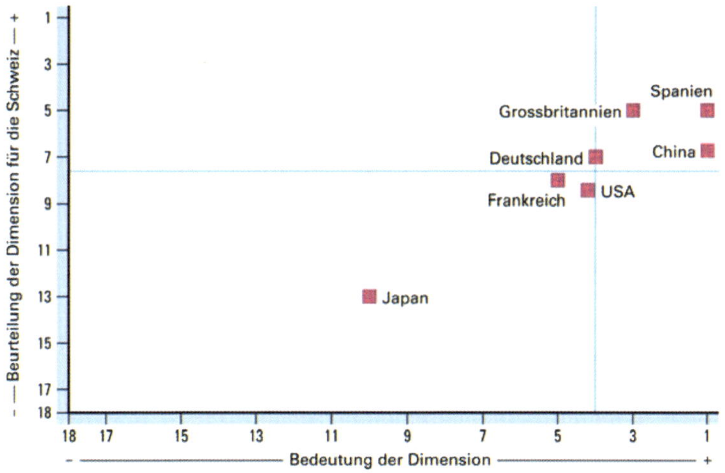

Basis: Bevölkerung, 8009 Personen
Skala: Rang 1-18, wobei 1 = hohe Bedeutung bzw. auf die Schweiz zutreffend und 18 = geringere Bedeutung bzw. auf die Schweiz weniger zutreffend

Interessante Ergebnisse resultieren auch zur Dimension «hat herzliche und freundliche Einwohner». Diese wird von den Befragten der meisten Länder (Ausnahme ist Spanien) als relativ bedeutend angesehen. Bei der Beurteilung der Herzlichkeit und Freundlichkeit der Schweizerinnen und Schweizer sind sich die Befragten allerdings nicht einig. In Abbildung 14 ist zu erkennen, dass die Befragten Frankreichs diese Dimension für die Schweiz als sehr zutreffend beurteilen (Rang eins). Die Deutschen und die Briten dagegen erachten diese Dimension als deutlich weniger zutreffend (Rang elf für Grossbritannien, Rang dreizehn für Deutschland).

Die Schweiz ist für die Befragten der meisten Länder auch eine attraktive Reisedestination. Wie aus Abbildung 15 hervorgeht, sind sich die Befragten – mit Ausnahme der Spanier – einig, dass die Dimension «ist ein Ort, den man gerne besucht» die Schweiz gut charakterisiert. Zu erkennen ist aber auch, dass dieser Dimension im Vergleich zu den vorhergehenden eine deutlich geringere Bedeutung attestiert wird.

Abbildung 14: Kombinierte Analyse der Dimension «hat herzliche und freundliche Einwohner»

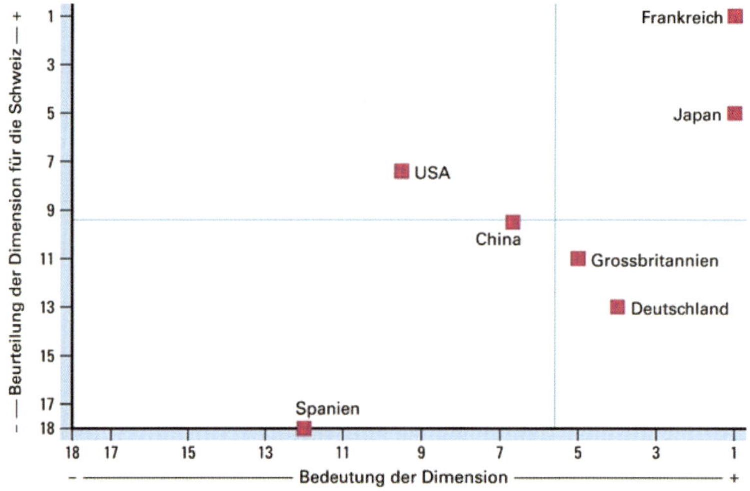

Basis: Bevölkerung, 8009 Personen
Skala: Rang 1-18, wobei 1 = hohe Bedeutung bzw. auf die Schweiz zutreffend und 18 = geringere Bedeutung bzw. auf die Schweiz weniger zutreffend

Abbildung 15: Kombinierte Analyse der Dimension «ist ein Ort, den man gerne besucht»

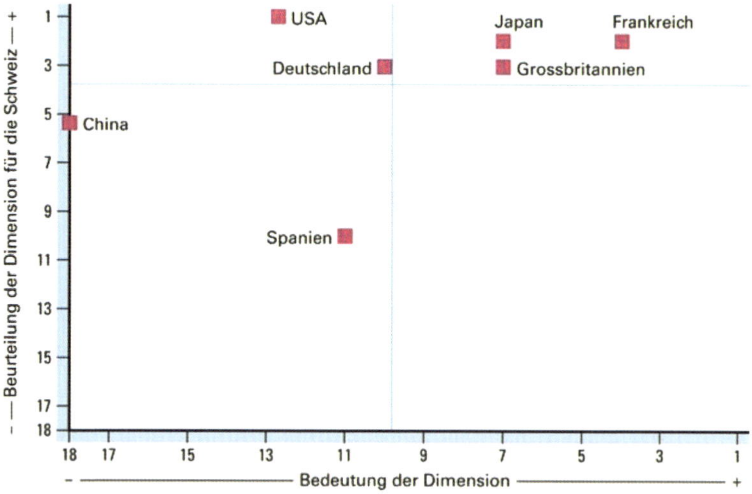

Basis: Bevölkerung, 8009 Personen
Skala: Rang 1-18, wobei 1 = hohe Bedeutung bzw. auf die Schweiz zutreffend und 18 = geringere Bedeutung bzw. auf die Schweiz weniger zutreffend

Die bislang erläuterten Dimensionen, welche sich alle auf die Schweiz als Lebensraum bezogen, stellen positive Elemente unseres Images dar. Dies gilt nur bedingt für die Dimensionen, welche die Internationalität der Schweiz bzw. ihres Engagements und das politische System der Schweiz betreffen. Wie die nachfolgenden Ausführungen zeigen, stehen die zu diesen Dimensionen erhaltenen Ergebnisse oftmals im Widerspruch mit dem Selbstbild der Schweizer.

Dimensionen zur Internationalität der Schweiz und ihres Engagements

Die Internationalität der Schweiz wurde anhand der Dimension «geniesst weltweit hohes Ansehen» untersucht. Wie in Abbildung 16 zu erkennen ist, erzielt die Schweiz hier in fünf Ländern gute Ergebnisse (Japan, Grossbritannien, USA, Deutschland und Spanien). Etwas tiefer sind dagegen die Urteile der Befragten Chinas und Frankreichs. Da diese Dimension von den Befragten der verschiedenen Länder im Vergleich zu den anderen Dimensionen etwas weniger bedeutend beurteilt wurde, lässt sich diese Dimension insgesamt nicht als Stärke der Schweiz interpretieren.

Abbildung 16: Kombinierte Analyse der Dimension «geniesst weltweit hohes Ansehen»

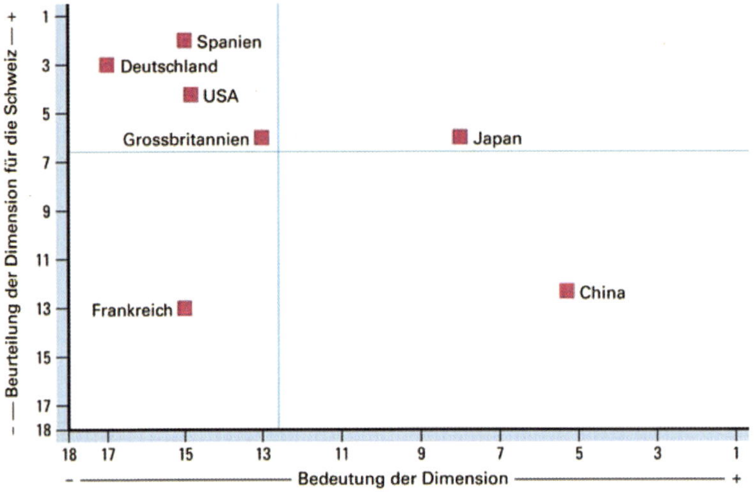

Basis: Bevölkerung, 8009 Personen
Skala: Rang 1-18, wobei 1 = hohe Bedeutung bzw. auf die Schweiz zutreffend und 18 = geringere Bedeutung bzw. auf die Schweiz weniger zutreffend

Anhand der Dimension «unterstützt humanitäre und menschenrechtliche Anliegen» und der Dimension «arbeitet auf internationale Zusammenarbeit hin» lässt sich das internationale Engagement der Schweiz untersuchen.

Die Schweiz – Gastland des Internationalen Komitees des Roten Kreuzes (IKRK) sowie Depositarstaat der Genfer Konventionen von 1949 – wird von Schweizerinnen und Schweizern häufig als ein Land mit hohem Engagement im Bereich der Menschenrechte und der humanitären Hilfe gesehen.[88] Im Ausland wird die Schweiz diesbezüglich jedoch anders wahrgenommen. Dies zeigen die in Abbildung 17 dargestellten Ergebnisse, gemäss welchen die Mehrzahl der Befragten der Meinung ist, dass die Dimension «unterstützt humanitäre und menschenrechtliche Anliegen» auf die Schweiz eher schlecht zutreffe (Rang zwölf bis sechzehn für Grossbritannien, die USA, Spanien und Deutschland). Eine etwas differenzierte Meinung lässt sich bei dieser Dimension einzig bei den Befragten Frankreichs und Japans erkennen. Zur Beurteilung von Ländern wird diese Dimension

[88] Auszug aus der Rede des damaligen Schweizer Bundespräsidenten Kaspar Villiger an der UNO-Vollversammlung vom 10. September 2002: «Die Schweiz wird sich nicht an allfälligen friedenserzwingenden Operationen beteiligen. Aber sie wird zur Verfügung stehen, wo es um friedenserhaltende oder humanitäre Einsätze geht.» (...) «Wir werden uns für den Schutz der Menschenrechte und der Menschenwürde, auch in kriegerischen Situationen einsetzen.»

allerdings in fast allen Ländern als sehr bedeutend beurteilt. Aufgrund dieser Ergebnisse ist diese Dimension als Schwäche der Schweiz zu interpretieren.

Abbildung 17: Kombinierte Analyse der Dimension «unterstützt humanitäre und menschenrechtliche Anliegen»

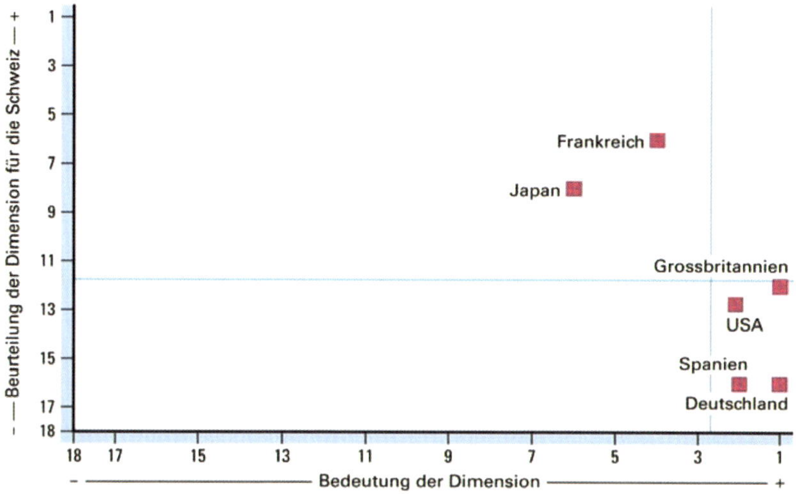

Basis: Bevölkerung, 6009 Personen
Skala: Rang 1-18, wobei 1 = hohe Bedeutung bzw. auf die Schweiz zutreffend und 18 = geringere Bedeutung bzw. auf die Schweiz weniger zutreffend

Mögliche Erklärungen für die oben erläuterten Differenzen zwischen dem Selbst- und dem Fremdbild bieten folgende Überlegungen: So gilt es zu bedenken, dass die Beteiligung der Schweiz an internationalen Friedensoperationen und ihr humanitäres Engagement im Ausland ähnlich wahrgenommen wird wie jenes der anderen beteiligten Länder. Hinzu kommt, dass internationale Organisationen wie das IKRK – trotz ihres Sitzes in der Schweiz – im Ausland nur am Rande oder überhaupt nicht mit der Schweiz assoziiert werden.

Die Ergebnisse zur Dimension «arbeitet auf internationale Zusammenarbeit hin» bestätigen die Ergebnisse der zuvor erläuterten Dimension weitgehend (vgl. Abbildung 18). Allerdings wird diese Dimension bezüglich ihrer Bedeutung zur Beurteilung eines Landes als etwas weniger bedeutend eingeschätzt.

Abbildung 18: Kombinierte Analyse der Dimension «arbeitet auf internationale Zusammenarbeit hin»

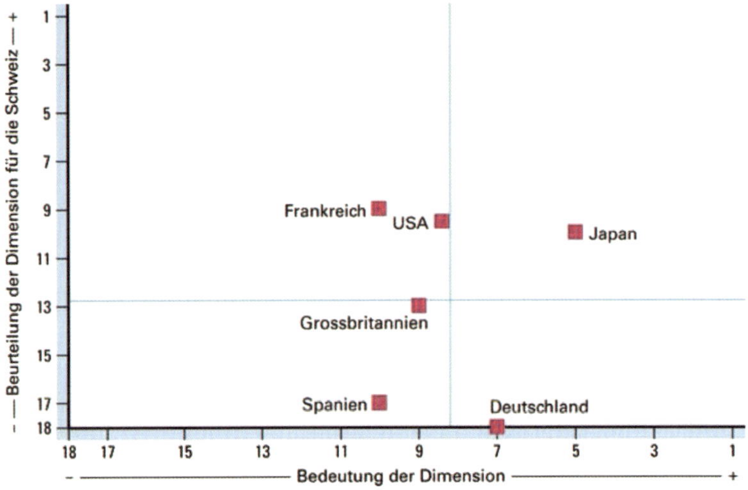

Basis: Bevölkerung, 6009 Personen
Skala: Rang 1-18, wobei 1 = hohe Bedeutung bzw. auf die Schweiz zutreffend und 18 = geringere Bedeutung bzw. auf die Schweiz weniger zutreffend

Die Eigenheiten des politischen Systems der Schweiz

In der Schweiz hat es in den letzten 250 Jahren auf Bundesebene mehr als 500 Volksabstimmungen gegeben. Damit liegt die Schweiz, was die Zahl der Volksabstimmungen auf nationaler Ebene anbelangt, weltweit an der Spitze. Dennoch wird die Schweiz nicht als ein Land wahrgenommen, in welchem die Bürger einen starken Einfluss auf politische Entscheidungsfindungen haben. Diese etwas verzerrte Wahrnehmung im Ausland lässt sich im Wesentlichen mit einer zu geringen Visibilität von Schweizer Volksentscheiden im Ausland erklären. Da es in den meisten Ländern auf nationaler Ebene weniger Abstimmungen und Referenden gibt, und diese – bei negativem Entscheid – häufig mit einem personellen Wechsel in der Regierung verbunden sind, ist deren Bekanntheit und Medienpräsenz im Allgemeinen höher. In der Schweiz jedoch führen eidgenössische Volksabstimmungen praktisch nie zu personellen Veränderungen im Bundesrat und die Entscheide werden im Ausland in der Regel nur wenig kommentiert. Diese Feststellung, welche insbesondere bei den Opinion Leaders der USA (Politiker, Journalisten) gemacht wurde, hat denn auch dazu geführt, dass mehr Gewicht auf die Erklärung unseres politischen Systems (Föderalismus und direkte Demokratie) gelegt wurde.

Abbildung 19: Kombinierte Analyse der Dimension «erlaubt den Bürgern einen starken Einfluss auf die politischen Entscheidungsfindungen»

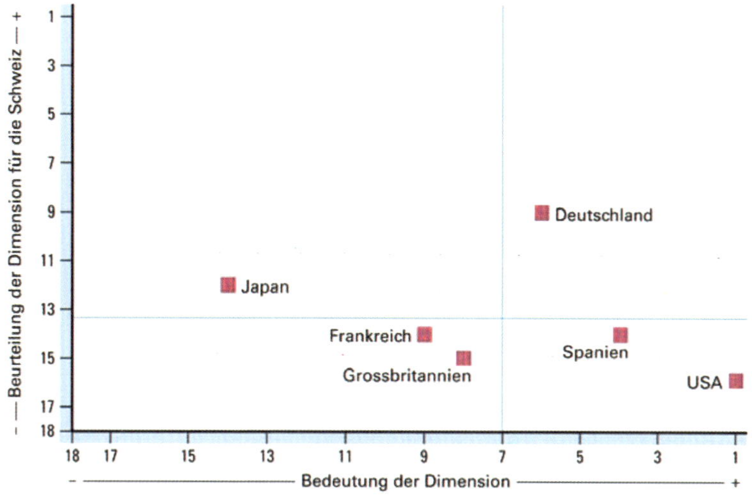

Basis: Bevölkerung, 6009 Personen
Skala: Rang 1-18, wobei 1 = hohe Bedeutung bzw. auf die Schweiz zutreffend und 18 = geringere Bedeutung bzw. auf die Schweiz weniger zutreffend

Schweizer Unternehmen

Das Image der Schweiz in Bezug auf seine Unternehmen lässt sich anhand von drei Dimensionen untersuchen. Dabei handelt es sich um die Dimension «hat Firmen, die international wettbewerbsfähig sind» (vgl. Abbildung 20), «ist bekannt für moralisches und verantwortungsbewusstes Handeln im Geschäftsleben» (vgl. Abbildung 21), und «ist bekannt für verlässliche und vertrauenswürdige Geschäftspartner» (vgl. Abbildung 22).

Abbildung 20: Kombinierte Analyse der Dimension «hat Firmen, die international wettbewerbsfähig sind»

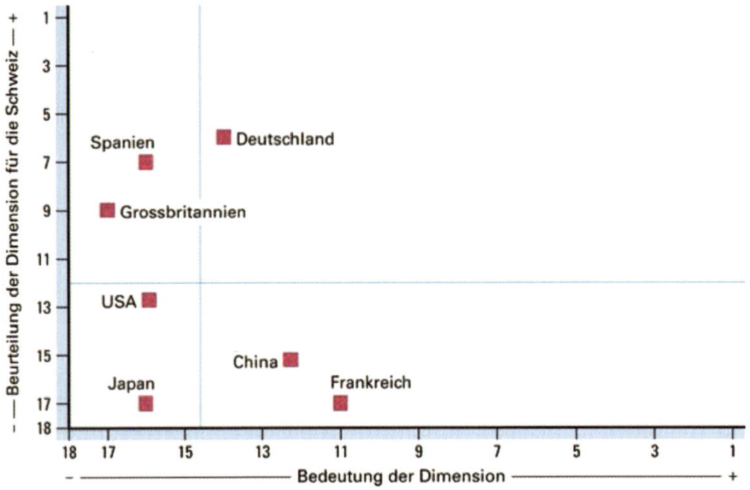

Basis: Bevölkerung, 8009 Personen
Skala: Rang 1-18, wobei 1 = hohe Bedeutung bzw. auf die Schweiz zutreffend und 18 = geringere Bedeutung bzw. auf die Schweiz weniger zutreffend

Allgemein lässt sich beobachten, dass die Befragten die Bedeutung dieser Dimensionen zur Beurteilung von Ländern als nicht sehr hoch einschätzen. Die für die Schweiz erfassten Ergebnisse hingegen sind sehr unterschiedlich. So ist beispielsweise in Abbildung 20 zu erkennen, dass die Meinungen der Befragten bezüglich der weltweiten Wettbewerbsfähigkeit von Schweizer Unternehmen stark variieren. Währenddem die Dimension von den Befragten Spaniens und Deutschlands als sehr zutreffend beurteilt wird, liegen die Urteile der Chinesen und Franzosen doch deutlich tiefer. Bei den Dimensionen bezüglich des verantwortungsbewussten Handelns und der Vertrauenswürdigkeit von Schweizer Unternehmen erweisen sich die Beurteilungen als nicht sehr positiv. Bei der Interpretation dieser Ergebnisse gilt es allerdings zu bedenken, dass diese die Meinung der Bevölkerung widerspiegeln, welche in der Regel kaum Kontakt oder Erfahrungen mit Schweizer Unternehmen hat (in anderen Studien beurteilten Manager dieser Länder Schweizer Unternehmen deutlich besser).

Abbildung 21: Kombinierte Analyse der Dimension «ist bekannt für moralisches und verantwortungsbewusstes Handeln im Geschäftsleben»

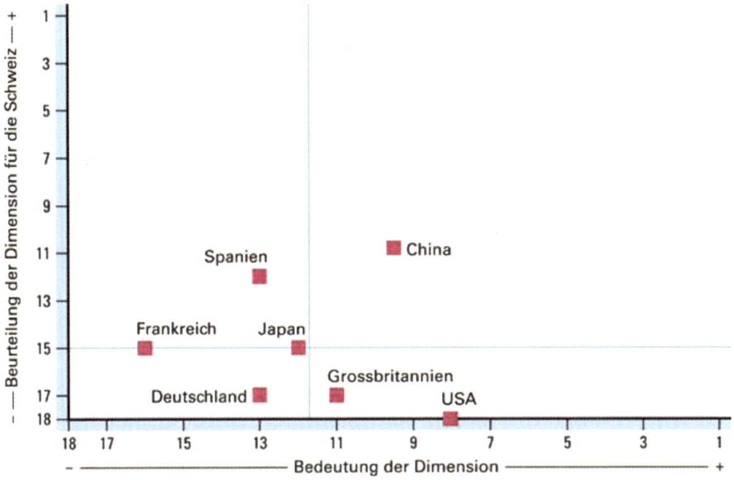

Basis: Bevölkerung, 8009 Personen
Skala: Rang 1-18, wobei 1 = hohe Bedeutung bzw. auf die Schweiz zutreffend und 18 = geringere Bedeutung bzw. auf die Schweiz weniger zutreffend

Abbildung 22: Kombinierte Analyse der Dimension «ist bekannt für verlässliche und vertrauenswürdige Geschäftspartner»

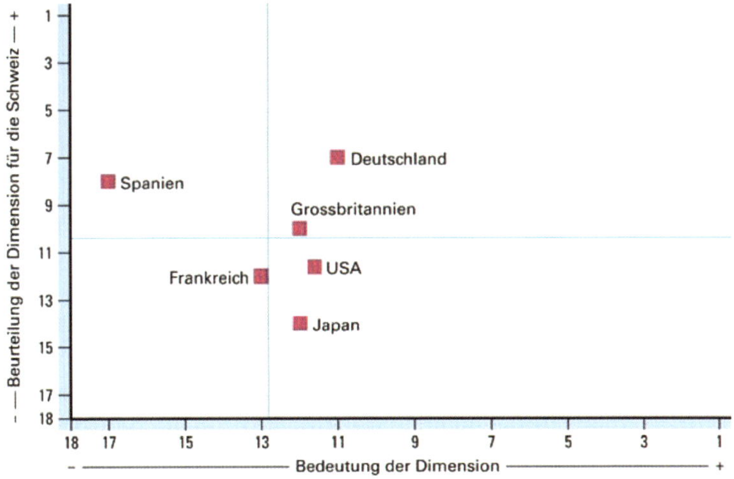

Basis: Bevölkerung, 6009 Personen
Skala: Rang 1-18, wobei 1 = hohe Bedeutung bzw. auf die Schweiz zutreffend und 18 = geringere Bedeutung bzw. auf die Schweiz weniger zutreffend

Qualität und Innovation von Schweizer Produkten

Eine letzte Gruppe von Dimensionen bezieht sich auf Schweizer Produkte. Auch hier zeigen sich überraschende Ergebnisse.

Abbildung 23 zeigt, dass die Schweiz auf der insgesamt als wenig bedeutend eingeschätzten Dimension «hat innovative Produkte» nur auf geringe Zustimmung stösst. Die Schweiz belegt auf dieser Dimension in allen Ländern den letzten Rang. Dieses Ergebnis überrascht, bedenkt man, dass die Schweiz bei den gemeinhin verwendeten Indikatoren zur Messung des Innovationsgrades eines Landes jeweils zur Spitze der Rangliste zählt (Zahl der Patentanmeldungen oder Verhältnis Nobelpreisträger zu Bevölkerungszahl etc.). Dieses Ergebnis deutet darauf hin, dass sich eine zu starke Gewichtung des Arguments Innovation bei der Vermarktung von Schweizer Produkten im Ausland als unglaubwürdig erweisen kann.

Die Ergebnisse für die zweite sich auf die Produkte eines Landes beziehende Dimension «hat Produkte von Weltklassequalität» ist in Abbildung 24 dargestellt. Dabei ist zu erkennen, dass die Schweiz hier mehrheitlich positive Beurteilungen erzielt. Die Meinungen bezüglich der Bedeutung dieser Dimension variieren dagegen etwas stärker.

Insgesamt lässt sich zum Image der Schweiz eine positive Bilanz ziehen. Wie aus den präsentierten Ergebnissen hervorgeht, sehen die Befragten die Stärken vor allem bei den Dimensionen, welche sich auf die Schweiz als Lebensraum und beliebte Reisedestination beziehen. Dasselbe zeigt sich auch bei den Dimensionen zur Produktequalität, zur internationalen Ausrichtung der Schweiz und ihrer Unternehmen. Diesen positiven Ergebnissen stehen allerdings auch verschiedene Dimensionen mit deutlich kritischerer Beurteilung gegenüber. Diese im Ausland vorherrschenden, kritischeren Vorstellungen stehen zum Teil in deutlichem Kontrast zum Selbstbild der Schweizer, zum Teil stehen sie im Widerspruch mit der Realität. Hervorzuheben ist hier insbesondere die Schwäche bezüglich des Engagements der Schweiz im Bereich der Menschenrechte und der humanitären Hilfe sowie des geringen Innovationsgrads von Schweizer Produkten.

Abbildung 23: Kombinierte Analyse der Dimension «hat innovative Produkte»

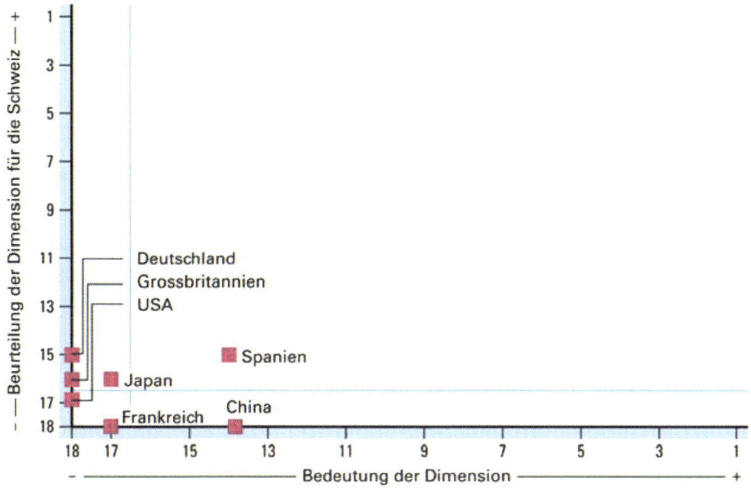

Basis: Bevölkerung, 8009 Personen
Skala: Rang 1-18, wobei 1 = hohe Bedeutung bzw. auf die Schweiz zutreffend und 18 = geringere Bedeutung bzw. auf die Schweiz weniger zutreffend

Abbildung 24: Kombinierte Analyse der Dimension «hat Produkte von Weltklassequalität»

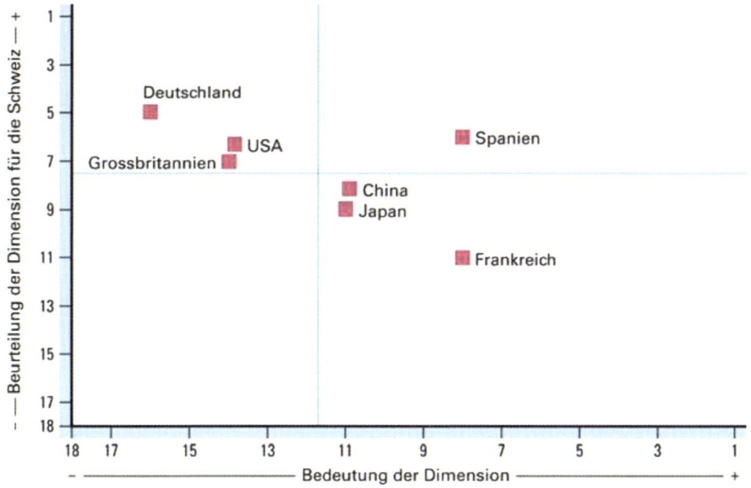

Basis: Bevölkerung, 8009 Personen
Skala: Rang 1-18, wobei 1 = hohe Bedeutung bzw. auf die Schweiz zutreffend und 18 = geringere Bedeutung bzw. auf die Schweiz weniger zutreffend

6 Spezifische Einflüsse auf das Image der Schweiz im Vergleich

Nachdem in den Kapiteln 3, 4 und 5 aufgezeigt worden ist, wie die Schweiz im Ausland gesehen wird, widmet sich dieses sechste Kapitel der Analyse von Faktoren, die das Image der Schweiz beeinflussen können. Dabei werden drei Gruppen von Faktoren unterschieden. Eine erste Gruppe betrifft die in den Länderstudien erfassten Dimensionen, welche das Image der Schweiz charakterisieren. Der Einfluss dieser Dimensionen auf das Image der Schweiz wird in Abschnitt 6.1 dargestellt. Zur zweiten Gruppe möglicher Einflussfaktoren zählt das Wissen zu den schweizbezogenen Themen und Ereignissen. Die Darstellung der Ergebnisse aus der Analyse des Einflusses dieser Faktoren erfolgt in Abschnitt 6.2 und in Abschnitt 6.3 schliesslich wird gezeigt, ob und inwiefern ein Aufenthalt in der Schweiz das Image desselben zu beeinflussen vermag.

Zu den nachfolgenden Ausführungen gilt es zudem vorweg festzuhalten, dass sich diese auf bedeutende Ergebnisse der verschiedenen Bevölkerungs-Stichproben konzentrieren.

6.1 Der Einfluss der Dimensionen auf das Gesamtimage der Schweiz

Der Einfluss der Dimensionen auf das Gesamtimage der Schweiz wurde mit Hilfe einer linearen Regression untersucht. Die berechneten und in Tabelle 8 aufgeführten Regressionskoeffizienten zeigen, welche Dimensionen einen bedeutenden Einfluss auf das Gesamtimage der Schweiz haben, und informieren über Stärke und Richtung des jeweiligen Einflusses. Ein Koeffizient mit negativem Wert bedeutet, dass von der Dimension ein negativer Einfluss auf das Gesamtimage der Schweiz ausgeht, währenddem ein positiver Regressionskoeffizient auf einen positiven Einfluss hindeutet. Da die analysierten Datensätze nicht völlig vergleichbar waren, lassen sich die Koeffizienten verschiedener Untersuchungsländer nur relativ vergleichen. Anhand der für jede Dimension berechneten Ergebnisse lässt sich untersuchen, ob gewisse Charakteristika die Wahrnehmung der Schweiz im Ausland stärker beeinflussen als andere.

Tabelle 8: Dimensionen, welche das Gesamtimage der Schweiz im Ausland bedeutend beeinflussen

Dimensionen	Untersuchungsländer						
	ES	JAP	USA	UK	FR	DE	CN
Ist ein Ort, den man gerne besucht		1.530	2.145	3.186		1.778	2.137
Hat herzliche und freundliche Einwohner	2.512	1.524			1.231	1.618	
Geniesst weltweit hohes Ansehen		1.557	2.286				1.202
Ist politisch stabil		1.186				1.410	0.649
Ist bekannt für moralisches und verantwortungsbewusstes Handeln im Geschäftsleben	1.864		0.711			0.697	
Hat innovative Produkte					1.095	-0.882	-0.780
Hat Produkte von Weltklasse-qualität			-0.854	1.034			0.750
Bietet eine hohe Lebensqualität						2.391	1.639
Unterstützt humanitäre und menschenrechtliche Anliegen	1.508			1.162			
Arbeitet auf internationale Zusammenarbeit hin			0.864	-1.524			
Ist zukunftsorientiert				1.212		1.383	
Kümmert sich um eine intakte Umwelt					1.386		1.111
Hat ein hohes Bildungs- und Forschungsniveau					2.094		
Hat Firmen, die international wettbewerbsfähig sind					-1.905		
Bietet gute Investitions-möglichkeiten						-0.633	
Verfügt über eine hohe und vielfältige Kultur							-0.493

Basis: Bevölkerung, 8009 Personen

Wie aus Tabelle 8 hervorgeht, lassen sich insgesamt sechzehn Dimensionen mit einem bedeutenden Einfluss auf das Gesamtimage der Schweiz im Ausland identifizieren.[89] Zehn dieser Dimensionen beeinflussen das Image der Schweiz immer positiv[90], lediglich drei immer negativ.[91] Und bei weiteren drei Dimensionen variiert die Richtung des Einflusses in Abhängigkeit des jeweiligen Untersuchungslandes.[92]

Am häufigsten wird das Image der Schweiz von der Dimension «ist ein Ort, den man gerne besucht» beeinflusst, lassen sich bei dieser Aussage doch bei 5 der 7 Untersuchungsländer bedeutende Regressionskoeffizienten identifizieren. Auch die Herzlichkeit und Freundlichkeit der Einwohner erweist sich für das Image der Schweiz als bedeutende Dimension, zeigen sich doch in vier Untersuchungsländern sehr positive Einflüsse. Und die Dimensionen zum hohen internationalen Ansehen, zur politischen Stabilität sowie zum verantwortungsbewussten Handeln von Schweizer Unternehmen haben in drei Ländern einen positiven Einfluss. Bei allen anderen Dimensionen wechselt entweder die Richtung des Einflusses (positiv oder negativ) oder der Einfluss beschränkt sich auf maximal zwei Untersuchungsländer.

Aufgrund der Ergebnisse lassen sich verschiedene weitere Feststellungen anbringen:

- Die Zahl der Dimensionen, welche das Gesamtimage der Schweiz beeinflussen, variiert auch von Land zu Land. In Deutschland und China ist die Zahl dieser Dimensionen – mit acht Dimensionen je Untersuchungsland – deutlich höher. In den USA, in Grossbritannien und Frankreich zeigen sich fünf einflussreiche Dimensionen und in Japan beziehungsweise Spanien sind es lediglich vier respektive drei.
- Auch die Dimensionen, welche einen Einfluss auf das Gesamtimage der Schweiz haben, variieren von einem Land zum anderen. So stimmen beispielsweise die Dimensionen, welche das Gesamtimage der Schweiz in Frankreich beeinflussen, nicht mit denjenigen Dimensionen überein, welche in Grossbritannien einen Einfluss auf die

89 Einzig die Dimension zur Integrität und Vertrauenswürdigkeit von Schweizer Unternehmen sowie die Dimension zum Einfluss der Bürger auf politische Entscheidungsfindungen haben keinen Einfluss auf das Image der Schweiz.

90 Zu diesen Dimensionen gehören «hat Firmen, die für ihr moralisches und verantwortungsbewusstes Handeln im Geschäftsleben bekannt sind», «hat herzliche und freundliche Einwohner», «unterstützt humanitäre und menschenrechtliche Anliegen», «geniesst weltweit hohes Ansehen», «ist politisch stabil», «ist ein Ort, den man gerne besucht», «ist zukunftsorientiert», «kümmert sich um eine intakte Umwelt», «hat ein hohes Bildungs- und Forschungsniveau», «bietet eine hohe Lebensqualität».

91 Zu den Dimensionen mit negativem Einfluss zählen «hat Firmen, die international wettbewerbsfähig sind», «verfügt über eine hohe und vielfältige Kultur» und «bietet gute Investitionsmöglichkeiten».

92 Hierbei handelt es sich um die Dimensionen «hat innovative Produkte», «hat Produkte auf Weltklasseniveau» und «arbeitet auf internationale Zusammenarbeit hin».

Beurteilung des Gesamtimages der Schweiz haben. Interessant erscheint auch, dass in Japan keine der erhobenen «Made in»-Dimensionen das Gesamtimage der Schweiz bedeutend zu beeinflussen vermag.

- Bei den Dimensionen mit stärkerem Einfluss auf das Gesamtimage der Schweiz handelt es sich im Allgemeinen um «Live in»-Dimensionen – und zwar insbesondere um jene, welche sich auf die Öffnung der Schweiz, auf ihre Reputation im Ausland und auf die ihrer Institutionen beziehen. In Grossbritannien und in China steht das Image der Schweiz in enger Beziehung mit der Dimension «ein Ort, den man gerne besucht».[93] Bei den Spaniern hingegen hat vor allem die Freundlichkeit, mit welcher die Schweizer Ausländern begegnen, einen Einfluss auf das Image der Schweiz. Das internationale Ansehen ist die Einflussgrösse, von welcher das Image der Schweiz in den USA und in Japan am stärksten abhängt, währenddem sich in Frankreich vor allem das hohe Bildungs- und Forschungsniveau der Schweiz auf das Image auswirkt. Einfluss auf das Image der Schweiz in Deutschland hat schliesslich auch die der Schweiz attestierte hohe Lebensqualität. All die oben zitierten Einflussgrössen haben einen positiven Effekt auf das Gesamtimage der Schweiz.
- Zudem scheint es interessant festzustellen, dass das Gesamtimage der Schweiz vor allem von jenen Dimensionen negativ beeinflusst wird, welche sich auf die Attraktivität und das Potential der Schweizer Wirtschaft beziehen. Konkret handelt es sich dabei um die Dimensionen zur Qualität und Innovationskraft von Schweizer Produkten, zur Wettbewerbsfähigkeit von Schweizer Unternehmen sowie zu den in der Schweiz vorhandenen Investitionsmöglichkeiten. Weitere ebenfalls negativ wirksame Einflussgrössen sind zum Beispiel «arbeitet auf internationale Zusammenarbeit hin» oder «hat eine hohe und vielfältige Kultur».

Abschliessend gilt es festzuhalten, dass sich das Gesamtimage der Schweiz insgesamt als sehr homogen erwiesen hat. Die Dimensionen, welche das Image der Schweiz charakterisieren, wie auch die Dimensionen, welche das Image der Schweiz bedeutend beeinflussen, variieren jedoch erheblich von einem Land zum anderen.

---

[93] Diese Dimension beeinflusst das Image der Schweiz im Ausland am häufigsten und jeweils in positiver Weise. Konkret wurde in den USA, in Grossbritannien, Deutschland, Japan und in China ein Einfluss gemessen.

6.2 Einfluss der Kenntnis konkreter Ereignisse oder Themen

Das Image der Schweiz hängt nicht allein von den verschiedenen Charakteristika des Landes – also den Dimensionen – ab. Es ist auch denkbar, dass die Kenntnis von aktuellen Ereignissen mit Bezug zur Schweiz das Gesamtimage der Schweiz im Ausland in positiver oder negativer Art beeinflusst. Jede der sieben Länderstudien zum Image der Schweiz enthielt daher auch Fragen zu speziellen schweizbezogenen Ereignissen wie zum Beispiel das Grounding der Swissair oder zu allgemeineren Themen wie zum Beispiel das Bankgeheimnis.

Um den Zusammenhang zwischen dem Gesamtimage der Schweiz und diesen schweizbezogenen Themen bzw. Ereignissen zu untersuchen, wurden Mittelwert-Vergleiche angewendet. Anhand dieser Analyse konnten signifikante Beziehungen zwischen dem Gesamtimage der Schweiz und der Kenntnis spezifischer Themen bzw. aktueller Ereignisse identifiziert werden. Dieselbe Analyse wurde anschliessend auf die verschiedenen Imagedimensionen angewendet. Nachfolgend werden lediglich jene Ergebnisse präsentiert, welche speziell interessant erscheinen.[94]

Das Grounding der Swissair

Am 2. Oktober 2001 musste die nationale Schweizer Airline Swissair – eines der wichtigsten nationalen Symbole der Schweiz – den Flugbetrieb vollständig einstellen. Die gesamte Swissair-Flotte blieb am Boden. Dieses Bild ging um die Welt. Die Medien haben damals das Grounding der Swissair als nationale Tragödie präsentiert, als «Albtraum» als definitives Ende des «Sonderfalls» Schweiz. Dank finanzieller Beteiligung von Bund und Kantonen konnte im Jahre 2002 die Nachfolge-Fluggesellschaft Swiss gegründet werden. Mit der Übernahme durch die Lufthansa im 2005 konnte das Unternehmen wieder in die schwarzen Zahlen geführt werden.

Im Rahmen der Länderstudien wurden die Befragten mit folgender Aussage konfrontiert: «Als Folge des finanziellen Kollapses der Swissair wurde die neue Fluggesellschaft Swiss gegründet.» Die Befragten hatten anschliessend den Grad ihrer Kenntnis und Vertrautheit mit dem Thema anzugeben.

Wie aus Abbildung 25 hervorgeht, variiert die Kenntnis der Befragten zu diesem Thema – trotz der generell grossen Medienpräsenz – von Land zu Land stark. Währenddem ein Grossteil der Spanier (74.6% der Bevölkerung) und der Japaner (71.6% der Bevölkerung)

---

94 Insgesamt wurden bei den Befragten der verschiedenen Länder jeweils sieben Themen getestet. Vgl. Yersin (2007).

angeben, keine Kenntnis des Groundings der Swissair und der Gründung der Swiss zu haben, ist das Thema gut der Hälfte der Franzosen (55.5% der Bevölkerung) und der Mehrheit der Deutschen (85.6%) bekannt.[95]

Abbildung 25: Kenntnisse in Bezug auf das «Grounding der Swissair»

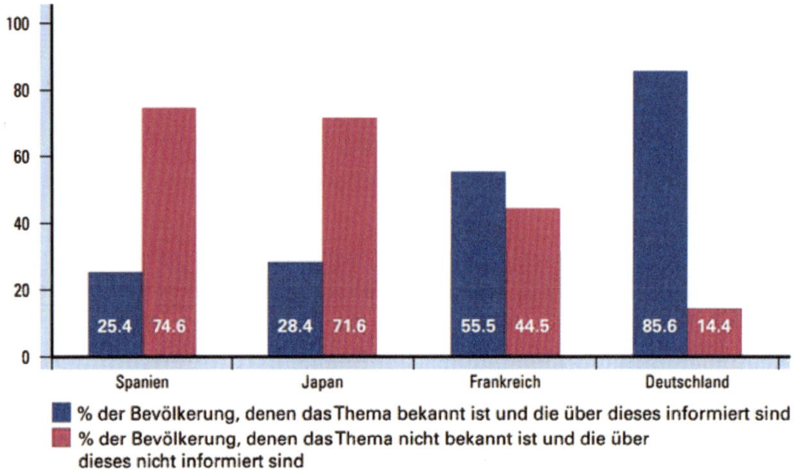

Basis: Bevölkerung, 4005 Personen

Die hierzu durchgeführten Analysen deuten darauf hin, dass dieses, zum Zeitpunkt der Befragung aktuelle Ereignis bei den Befragten Deutschlands und Spaniens einen bedeutenden und positiven Einfluss auf das Gesamtimage der Schweiz gehabt hat – allerdings nur bei denjenigen Personen, welche über das Grounding Bescheid wussten. (vgl. Abbildung 26).[96] Dieses doch eher überraschende Ergebnis lässt sich teilweise damit erklären, dass der Akzent offenbar weniger auf das Swissair-Debakel und die am Boden gestrandete

[95] Eine mögliche Erklärung für die erwähnten Kenntnis-Unterschiede könnte in der geographischen Nähe Deutschlands und Frankreichs gesehen werden. Diese Hypothese müsste allerdings noch überprüft werden. Vgl. hierzu Yersin (2007).

[96] Ein positiver Einfluss zeigt sich in allen Befragungsländern, d. h. in Japan, Deutschland, Frankreich und in Spanien, wobei sich aber die Differenz zwischen den Befragten mit Kenntnis und jenen ohne Kenntnis des Themas lediglich in Deutschland und Spanien als statistisch bedeutend erwiesen hat.

Swissair-Flotte, sondern vielmehr auf die Gründung der neuen Fluggesellschaft mit dem Namen Swiss gesetzt wurde.[97]

Die Analyse des Einflusses des Swissair-Debakels auf die einzelnen Imagedimensionen führt zu einem insgesamt wenig differenzierten Ergebnis. Interessant erscheint aber, dass deutsche Befragte mit Kenntnis des Themas gewisse wirtschaftsbezogene Eigenschaften der Schweiz – insbesondere die Dimension «hat Firmen, die für ihr moralisches und verantwortungsbewusstes Handeln im Geschäftsleben bekannt sind» – schlechter bewerten als die anderen.

Abbildung 26: Einfluss der Kenntnis zum Thema «Grounding der Swissair» auf das Gesamtimage der Schweiz

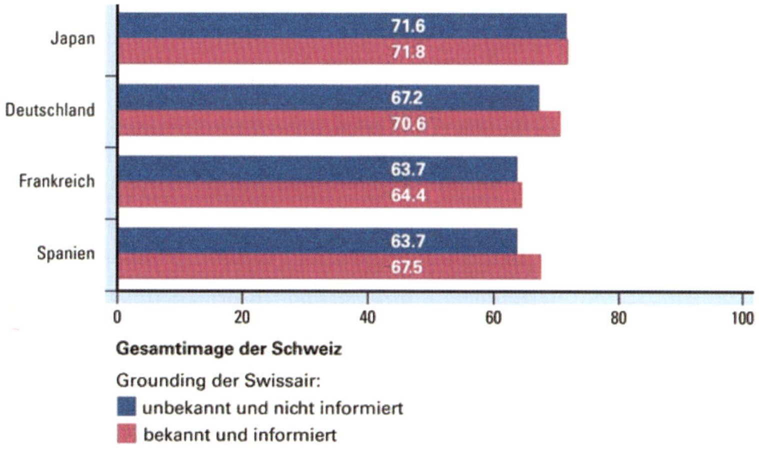

Basis: Bevölkerung, 4005 Personen
Skala: 1-100, wobei 1 = sehr schlecht und 100 = sehr gut

Der Nicht-Beitritt der Schweiz zur EU

In der Volksabstimmung vom 4. März 2001 hat die Schweiz die eidgenössische Volksinitiative «Ja zu Europa», welche die sofortige Aufnahme von Beitrittsverhandlungen zur Europäischen Union (EU) durchzusetzen versuchte, mit einer Mehrheit von 77% abgelehnt. Währenddem politische Entscheide in der Schweiz in der Regel auf kein grosses Interesse der Nachbarstaaten stossen, hat die deutliche Abstimmung gegen die Initiative zahlreiche

97 Vgl. Yersin (2007).

Reaktionen hervorgerufen: Die einen haben ihr Verständnis für den Entscheid der Schweizer geäussert, andere dagegen haben vor dem Inseldasein bzw. dem Alleingang der Schweiz gewarnt. [98]

Die hohe Aufmerksamkeit bei den ausländischen Medien widerspiegelt sich auch in den Ergebnissen der Imagestudien: 67.1% der britischen Bevölkerung, 65.9% der spanischen Bevölkerung, 71,4% der französischen Bevölkerung und 94.1 der deutschen Bevölkerung geben an, zumindest etwas über dieses Ereignis zu wissen (Abbildung 27).[99]

Abbildung 27: Kenntnisse in Bezug auf den «Nicht-Beitritt der Schweiz zur Europäischen Union»

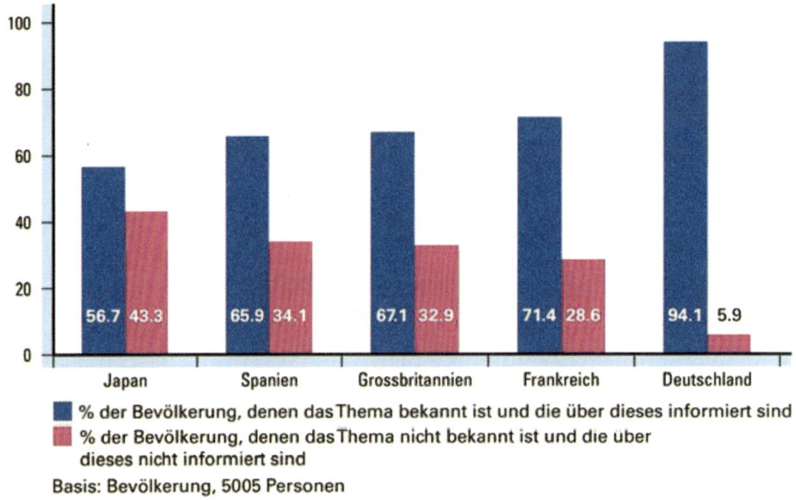

Der Einfluss der Kenntnis dieses Themas auf das Gesamtimage der Schweiz war bei den Befragten der EU-Länder aber wider Erwarten nicht besonders negativ. Die Ergebnisse der Analyse zeigen sogar, dass bei den Spaniern und Deutschen mit Kenntnis dieses Themas auch eine deutlich positivere Beurteilung des Gesamtimages einhergeht (vgl. Abbildung 28).

98 Vgl. hierzu *Le Temps* vom 5. März 2001 (spezielles Dossier).

99 Vgl. hierzu Yersin (2007).

Der Einfluss dieses Ereignisses auf das Detailimage der Schweiz variiert dagegen deutlich. Die Resultate zeigen, dass die Deutschen, die Briten und die Spanier, welche wissen, dass die Schweiz kein Mitglied der EU ist, der Schweiz bei Dimensionen, welche sich generell auf die Öffnung der Schweiz beziehen, deutlich tiefere Noten erteilt haben. Hierzu zählen beispielsweise Dimensionen mit Bezug auf internationalen Kooperationsanstrengungen («arbeitet auf internationale Zusammenarbeit hin»), auf die humanitäre Tradition («unterstützt humanitäre und menschenrechtliche Anliegen»), auf die Möglichkeit sich zu verändern («ist zukunftsorientiert»), auf die Gastfreundschaft («hat herzliche und freundliche Einwohner»), auf Reisedestination («ist ein Ort, den man gerne besucht») wie aber auch jene mit Bezug auf die wirtschaftlich interessanten Investitionsmöglichkeiten für Ausländer («bietet gute Investitionsmöglichkeiten»). Andererseits ist es interessant festzustellen, dass der Nicht-Beitritt der Schweiz zur EU in Deutschland zu besseren Ergebnissen in Bezug auf die politische Stabilität der Schweiz geführt hat.

Abbildung 28: Einfluss der Kenntnis des Themas «Nicht-Beitritt der Schweiz zur Europäischen Union» auf das Gesamtimage der Schweiz

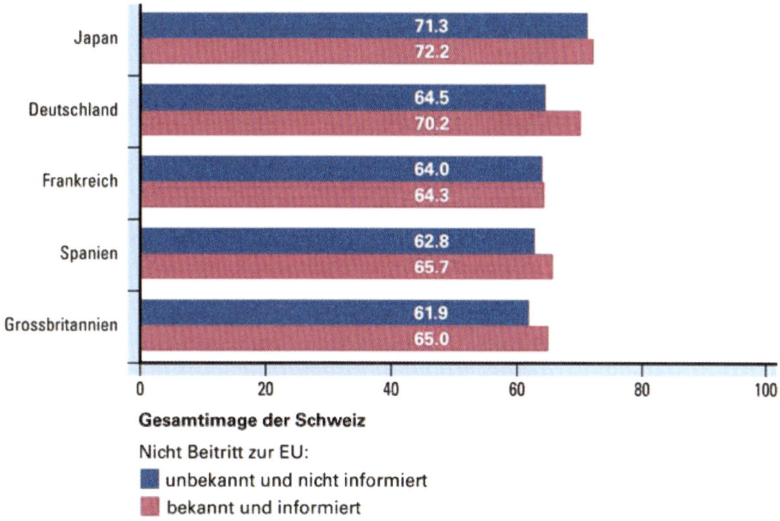

Basis: Bevölkerung, 5005 Personen
Skala: 1-100, wobei 1 = sehr schlecht und 100 = sehr gut

Das Bankgeheimnis

Die Schweiz hat sich – insbesondere auch dank dem 1934 im Bankengesetz verankerten Bankgeheimnis – zu einem sehr bedeutenden Finanzplatz entwickelt, dessen traditionelle

Stärke in der privaten Vermögensverwaltung liegt. Das schweizerische Bankgeheimnis, oder präziser das Bankkundengeheimnis, verpflichtet die Banken zur streng vertraulichen Behandlung von Informationen über Bankkunden und ihre Finanztransaktionen und ist daher die Basis der sprichwörtlichen Diskretion der Schweiz. Faktoren wie die Neutralität des Landes, die politische Stabilität, die Stärke des Schweizer Frankens und das vorhandene finanztechnische Knowhow haben – zusammen mit dem Bankgeheimnis – dazu beigetragen, dass mehr und mehr ausländisches Privatkapital in die Schweiz geflossen ist. Seit den 90er Jahren ist das Schweizer Bankgeheimnis immer wieder Gegenstand von Diskussionen und sieht sich zum Teil heftiger Kritik ausgesetzt. Kritiker werfen den Schweizer Banken vor, sie begünstigten mit dem geltenden Bankgeheimnis Geldwäscherei. Um diesem Vorwurf zu entgegnen, hat die Schweiz 1998 ein striktes Anti-Geldwäscherei-Gesetz in Kraft gesetzt.[100]

Die Ergebnisse der Imagestudien bestätigen, dass das Bankgeheimnis im Ausland weitgehend bekannt ist. Wie aus Abbildung 29 hervorgeht, geben fast 94% der Deutschen, 88.9% der Amerikaner, 81.6% der Briten, 80,8% der Franzosen, 77.2% der Spanier und 60.4 der Japaner an, das Bankgeheimnis zu kennen.[101]

---

[100] Aktuell wird die Herausgabe von Kundendaten bei Verdacht auf Steuerdelikte aufgrund des wachsenden internationalen Drucks, insbesondere seitens der G-20, neu verhandelt.

[101] Vgl. zu diesem Thema Yersin (2007).

Abbildung 29: Kenntnisse in Bezug auf das Bankgeheimnis

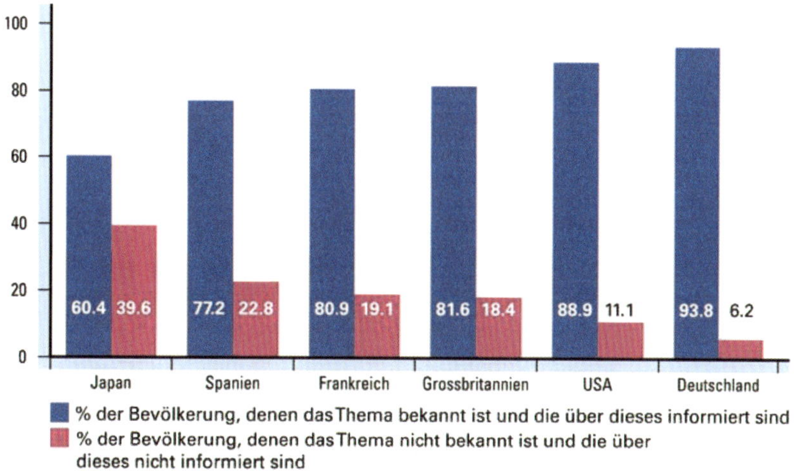

Basis: Bevölkerung, 6009 Personen

Die hierzu durchgeführten Analysen zeigen, dass die Kenntnis des Bankgeheimnisses in Frankreich und Deutschland einen signifikant positiven Effekt auf das Gesamtimage der Schweiz hat. Diese Ergebnisse deuten somit darauf hin, dass die hohe Kenntnis dieses zum Teil negativ gefärbten Themas für das Image der Schweiz insgesamt eher vorteilhaft ist (vgl. Abbildung 30).

Die Kenntnis der Eigenheiten des Schweizer Bankensystems können auch die einzelnen Dimensionen des Schweizer Images positiv oder negativ beeinflussen. Auf der einen Seite führt die hohe Kenntnis dazu, dass die Bevölkerungsstichproben Grossbritanniens, Spaniens, Deutschlands und Japans die wirtschaftliche Attraktivität der Schweiz besser bewerten. Die Wettbewerbsfähigkeit von Schweizer Unternehmen wie auch das internationale Ansehen der Schweiz hängen ebenfalls positiv mit der Kenntnis des Bankgeheimnisses zusammen. Auf der andern Seite führt die Kenntnis des Themas in den USA, in Grossbritannien und Spanien zu einer kritischeren Beurteilung der Dimension «arbeitet auf internationale Zusammenarbeit hin». Erwähnenswert erscheint schliesslich auch, dass die Kenntnis des Bankgeheimnisses die Briten, Spanier und Deutschen in ihrer Wahrnehmung der Schweizer beeinflusst, beurteilen sie diese doch als deutlich weniger herzlich und freundlich.

Abbildung 30: Einfluss der Kenntnis des Bankgeheimnisses auf das Gesamtimage der Schweiz

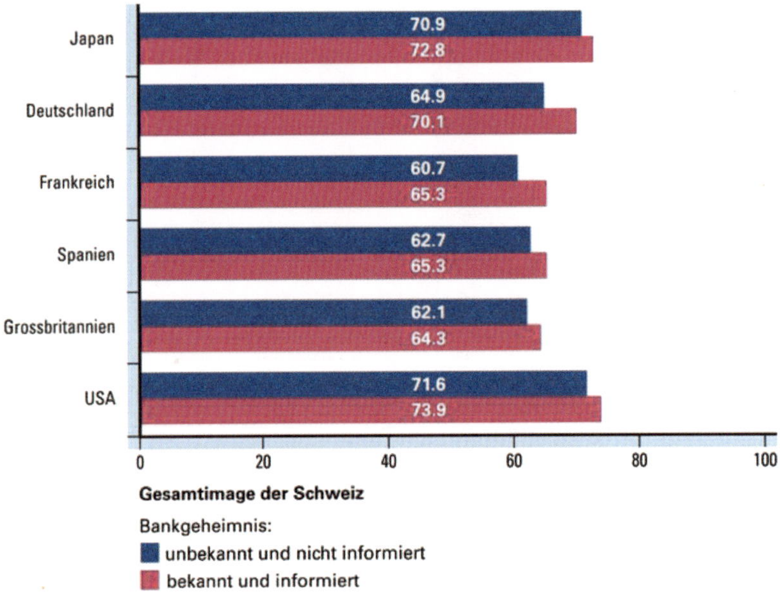

Basis: Bevölkerung, 6009 Personen
Skala: 1-100, wobei 1 = sehr schlecht und 100 = sehr gut

Insgesamt lässt sich festhalten, dass die Analyse zu den verschiedenen Themen gezeigt hat, dass deren Kenntnis fast durchwegs mit einer positiveren Beurteilung des Gesamtimages der Schweiz einhergeht.[102] Von dieser Beobachtung ausgehend, könnte man die Vermutung anbringen, dass die von den Medien über die Schweiz verbreiteten Informationen jeweils auch positive Konsequenzen für das Image des Landes nach sich ziehen.

6.3 Der Einfluss eines Aufenthaltes in der Schweiz

Der dritte, im Rahmen der Vergleichsanalyse untersuchte Typ möglicher Einflussfaktoren bezieht sich auf die mit einem Land gemachten direkten Erfahrungen, und zwar in Form eines persönlichen Aufenthalts im Land selbst. Es ist anzunehmen, dass Personen, welche

102 Es handelt sich hierbei um das Gesamtimage der Schweiz und nicht um die einzelnen Dimensionen desselben, da Letztere – wie an anderer Stelle gezeigt wurde – seltener von externen Einflussgrössen abhängen.

ein Land aus eigener Erfahrung kennen, dessen Image zum Teil deutlich anders beurteilen als Personen, welche das Land nur aus dem in den Medien Gelesenen bzw. Gehörten kennen.

Aber wie steht es beim Image der Schweiz? Um den potentiellen Einfluss eines Aufenthalts in der Schweiz auf das Gesamtimage der Schweiz sowie auf dessen einzelne Dimensionen zu untersuchen, wurden auch hier Mittelwert-Vergleiche angewendet.

Wie in Abbildung 31 zu erkennen ist, variiert die Zahl der Personen, welche die Schweiz bereits besucht haben, zwischen den verschiedenen Untersuchungsländern deutlich. So geben lediglich 1.7% der befragten Chinesen und 9.5% der befragten Japaner an, die Schweiz schon einmal besucht zu haben – in Frankreich kennen 61.5% und in Deutschland 72.2% der Befragten die Schweiz aus eigenen Erfahrungen. Eher überraschend erscheint, dass dieser Anteil in Spanien bei nur 19% der Befragten liegt. Diese unterschiedlich hohen Prozentwerte gilt es bei der Interpretation der nachfolgend dargestellten Ergebnisse zu berücksichtigen.

Abbildung 31: Anteil der Befragten mit bzw. ohne Aufenthalt in der Schweiz

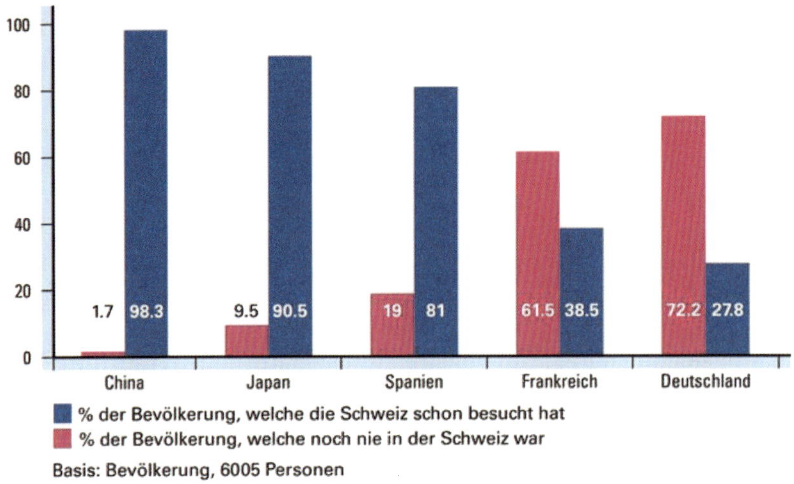

Aus der Analyse geht hervor, dass Personen, welche die Schweiz besucht haben, das Image der Schweiz deutlich besser beurteilen als Personen, die das Land noch nie bereist haben[103] – und dies unabhängig vom jeweiligen Herkunftsland der Befragten. Eine Besserbeurteilung aufgrund eines Schweiz-Aufenthalts zeigt sich vor allem bei Dimensionen mit Bezug auf politische («ist politisch stabil» und «erlaubt den Bürgern einen starken Einfluss auf die politischen Entscheidungsfindungen»), wirtschaftliche («hat innovative Produkte», «ist bekannt für verlässliche und vertrauenswürdige Geschäftspartner» und indirekt «hat ein hohes Bildungs- und Forschungsniveau») und umweltbezogene Aspekte («kümmert sich um eine intakte Umwelt»). Auch die Beurteilung der Schweiz bezüglich der Lebensqualität ist bei Personen, welche die Schweiz besucht haben, höher als bei den anderen Befragten.

Umgekehrt kann ein Aufenthalt in der Schweiz auch dazu führen, dass gewisse Dimensionen als weniger charakteristisch für die Schweiz beurteilt werden. Hierbei handelt es sich im Wesentlichen um die drei folgenden Dimensionen: «hat herzliche und freundliche

[103] Die Amerikaner und Briten wurden nicht gefragt, ob sie die Schweiz schon besucht haben. Diese beiden Länder sind daher aus der dargestellten Analyse ausgeschlossen.

Einwohner», «arbeitet auf internationale Zusammenarbeit hin» und «unterstützt humanitäre und menschenrechtliche Anliegen». Kritischere Beurteilungen aufgrund eines Aufenthalts in der Schweiz resultieren somit vor allem bezüglich der «Offenheit» der Schweiz.

Betrachtet man die Ergebnisse der einzelnen Untersuchungsländer, so stellt man fest, dass die Beurteilungsdifferenzen zwischen denjenigen Personen, welche die Schweiz besucht haben, und jenen, die diese noch nie besucht haben, in Japan am grössten sind.[104] Die Ergebnisse der japanischen Befragten zeigen zudem, dass ein Aufenthalt in der Schweiz bei keiner einzigen Dimension zu einer Schlechterbewertung der Schweiz geführt hat. Ein etwas anderes Ergebnis resultiert bei den Befragten Spaniens und Deutschlands. Die persönliche Erfahrung mit der Schweiz führt bei den Befragten dieser beiden Länder nämlich zu einer kritischeren Beurteilung derjenigen Dimensionen, welche sich auf die herzliche und freundliche Art der Einwohner und die «Offenheit» der Schweiz und ihrer Einwohner beziehen.[105] Allerdings lassen sich auch hier bei der Mehrzahl der übrigen Dimensionen positive Einflüsse eines Schweiz-Aufenthaltes erkennen.[106]

Im Gegensatz zu den befragten Japanern, Spaniern und Deutschen beurteilen die befragten Franzosen, welche die Schweiz aus eigener Erfahrung kennen, das Image der Schweiz auf verschiedenen Dimensionen kritischer.[107] Hinzu kommt, dass ein Aufenthalt in der Schweiz keine einzige Dimension in positiver Weise beeinflusst.

---

[104] Die einzige Dimension, bei der vom Aufenthalt in der Schweiz kein positiver Effekt ausgeht, ist «arbeitet auf internationale Zusammenarbeit hin».

[105] Hierbei handelt es sich um folgende Dimensionen: «hat herzliche und freundliche Einwohner», «arbeitet auf internationale Zusammenarbeit hin», «bietet gute Investitionsmöglichkeiten» und «unterstützt humanitäre und menschenrechtliche Anliegen».

[106] Positive Einflüsse zeigen sich in Spanien bei folgenden Dimensionen: «hat innovative Produkte», «verfügt über eine hohe und vielfältige Kultur», «hat Firmen, die als verlässliche und vertrauenswürdige Geschäftspartner bekannt sind», «geniesst weltweit hohes Ansehen», «ist politisch stabil», «erlaubt den Bürgern einen starken Einfluss auf politische Entscheidungsfindungen», «bietet hohe Lebensqualität», «kümmert sich um eine intakte Umwelt» sowie «hat ein hohes Bildungs- und Forschungsniveau».

In Deutschland sind es folgende Dimensionen: «hat Firmen, die als verlässliche und vertrauenswürdige Geschäftspartner bekannt sind», «ist politisch stabil», «erlaubt den Bürgern einen starken Einfluss auf politische Entscheidungsfindungen», «bietet hohe Lebensqualität» sowie «hat ein hohes Bildungs- und Forschungsniveau».

[107] Bei den neun Dimensionen, bei denen sich aufgrund des Schweiz-Aufenthalts eine Schlechterbewertung beobachten lässt, handelt es sich um: «hat Firmen, die für ihr moralisches und verantwortungsbewusstes Handeln im Geschäftsleben bekannt sind», «hat Firmen, die international wettbewerbsfähig sind», «hat innovative Produkte», «hat Firmen, die als verlässliche und vertrauenswürdige Geschäftspartner bekannt sind», «arbeitet auf internationale Kooperation hin», «unterstützt humanitäre und menschenrechtliche Anliegen», «erlaubt den Bürgern einen starken Einfluss auf die politischen Entscheidungsfindungen», «kümmert sich um eine intakte Umwelt» und «ist ein Ort, den man gerne besucht».

China stellt einen etwas speziellen Fall dar, da die mit der Schweiz assoziierten Vorstellungen nur selten auf persönlichen Erfahrungen basieren. Bei den wenigen Befragten, welche die Schweiz besucht haben, lässt sich allerdings ein positiver Einfluss erkennen.[108]

[108] Dabei handelt es sich um folgende Dimensionen: «hat innovative Produkte», «ist politisch stabil», «bietet hohe Lebensqualität», «kümmert sich um eine intakte Umwelt», «ist ein Ort, den man gerne besucht».

7 Das Image der Schweiz in China – Ausgewählte Ergebnisse der Länderstudie China

Im Mittelpunkt der vorangehenden Kapitel standen die Ergebnisse aus dem Vergleich der sieben Länderstudien. Dabei wurden interessante Gemeinsamkeiten wie aber auch bedeutsame Unterschiede in der Wahrnehmung der Schweiz im Ausland präsentiert. Da das Interesse – aufgrund der Olympischen Spiele 2008 in Peking und der im Jahre 2010 in Shanghai stattfindenden Weltausstellung – seit einiger Zeit verstärkt auf China gerichtet ist, wird den Ergebnissen der in China durchgeführten Imagestudie ein eigenes Kapitel gewidmet. Im Rahmen dieses Kapitels wird gezeigt, wie die Schweiz in China gesehen wird. Hierzu werden detaillierte Studienergebnisse präsentiert, welche die bereits zuvor zu China dargestellten Ergebnisse ergänzen.

Um allfällige Quervergleiche zu vereinfachen, wurde zur Darstellung der Ergebnisse der Chinastudie eine ähnliche Strukturierung der Themen gewählt wie bei der Vergleichsanalyse. Nach einigen Anmerkungen zum methodischen Vorgehen (Abschnitt 7.1) wird in Abschnitt 7.2 das Gesamtimage der Schweiz in China dargestellt. Abschnitt 7.3 zeigt, welche Assoziationen spontan mit der Schweiz verbunden werden. Die Darstellung der Ergebnisse zum Detailimage der Schweiz in China sowie zu den hieraus ermittelten Stärken und Schwächen erfolgt in den Abschnitten 7.4 und 7.5, die Ergebnisse zum Image von Schweizer Wirtschaftsbranchen in Abschnitt 7.6. Den Ausführungen in Abschnitt 7.7 ist zu entnehmen, wie gross die Kenntnis der befragten Chinesen zu ausgewählten schweizbezogenen Themen ist. Im Zentrum des letzten Abschnitts stehen die Regionen Chinas. Hier wird untersucht, ob und inwiefern sich das Bild der Schweiz wie aber auch das Wissen zu schweizbezogenen Themen in den Regionen Chinas unterscheidet.

7.1 Anmerkungen zum methodischen Vorgehen bei der Länderstudie China

Die in China durchgeführte Studie erfolgte grundsätzlich in gleicher Weise wie die zuvor in den USA, in Grossbritannien, Deutschland, Spanien, Frankreich und Japan realisierten Länderstudien.[109] Aufgrund länderspezifischer Besonderheiten und spezieller, bei der Durchführung von Marktforschungsstudien in China geltender Richtlinien waren allerdings einige Anpassungen erforderlich.

[109] Vergleiche hierzu die Ausführungen zur Methodik der Länderstudien in Kapitel 2.

Analog zu den anderen Studien umfasst die Untersuchung in China verschiedene Zielgruppen. Befragt wurden auch in China die Bevölkerung, die Meinungsführer – d. h. Politiker, Manager und Journalisten – sowie die Studenten, welche als Teil der angehenden Elite Chinas die künftigen Meinungsführer repräsentieren. Wie aus Tabelle 9 hervorgeht, konzentriert sich die Befragung der chinesischen Bevölkerung auf eine repräsentative Stichprobe der Mittel- und Oberschicht bedeutender Zentren auf dem Festland Chinas.[110] Die Befragung der Opinion Leader-Gruppen und Studenten lässt sich damit begründen, dass das Image eines Landes von zahlreichen Faktoren beeinflusst wird – insbesondere auch von den Medien und den Personen, die sich in diesen äussern. In China kommt dem in den Medien transportierten Bild der Schweiz vergleichsweise besonders hohe Bedeutung zu, da das Image der Schweiz in China nur selten von direkten Erfahrungen mit der Schweiz bzw. mit Schweizern beeinflusst wird.[111]

Als Befragungsmethode wurden telefonische Interviews gewählt. Ausnahme bildet hier die Zielgruppe der Studenten, welche auf dem Campus in persönlichen Interviews befragt wurden.

Die Struktur der in China verwendeten Fragebogen ist mit denjenigen der anderen Länderstudien grundsätzlich vergleichbar. Allerdings musste insbesondere auf Fragen, welche sich auf humanitäre oder politische Aspekte bezogen, verzichtet werden. Auch die Fragen zur Erfassung der konkreten schweizbezogenen Kenntnis waren im Hinblick auf deren Aktualität und Adäquanz anzupassen. Die Fragebogen der Opinion Leaders und Studenten enthielten zudem eine Zusatzfrage zur Reputation von Schweizer Wirtschaftsbranchen.[112]

Als Vergleichs- bzw. Benchmark-Länder wurden Frankreich, Deutschland, Grossbritannien, Österreich, die USA und Südkorea gewählt. Die Feldforschung fand im Frühjahr 2006 statt.

---

110 Dabei handelt es sich um folgende Regionen bzw. Städte: Nordchina (Beijing und Shenyang), Ostchina (Shanghai und Hangzhou), Südchina (Guangzhou und Shenzhen) und Inland China (Chongqing und Xi'an).

111 Vgl. hierzu die Ergebnisse in Abschnitt 6.3.

112 Vgl. hierzu die Ergebnisse in Abschnitt 7.6.

Tabelle 9: Studiendesign der Länderstudie China

Ziel	Analyse des Images der Schweiz in China				
	Urbane Bevölkerung	Meinungsführer Journalisten	Manager	Politiker	Studenten
	N=2000	N=120	N=120	N=120	N=500
Stich-proben[113]	• Mittel- und Oberschicht, • mind. 18-jährig, • in bedeutenden Zentren des Festlandes Chinas	• Reporter, Herausgeber, Produzenten • TV, Radio, Zeitungen und Lifestyle-Magazine • Regional und lokale Ebene	• Chinesische, international tätige Unternehmen unterschiedlicher Grösse	• Division Heads oder • höher regionale und kommunale Ebene	• Studenten verschiedener Fakultäten • Master- oder Doktoratsstufe an den 10 Top-Universitäten Chinas
Erhebungs-methode	Telefonische Interviews	Telefonische Interviews	Telefonische Interviews	Telefonische Interviews	Persönliche Face-to-face Interviews
Fragebogen	Die Struktur des Fragebogens wurde grundsätzlich beibehalten. Anpassungen waren im Wesentlichen nötig bei – gewissen Dimensionen[114] und – bei den Themen zu konkreten schweizbezogenen Kenntnissen – Zusatzfrage zum Ruf der Schweizer Wirtschaftsbranchen				
Benchmark-Länder	Frankreich, Deutschland, Grossbritannien, Österreich, USA, Südkorea				
Zeitraum	15. Februar – 10. März 2006				

7.2 Das Gesamtimage der Schweiz in China

Nachfolgend wird aufgezeigt, wie das Gesamtimage der Schweiz von der chinesischen Bevölkerung beurteilt wird und welche Unterschiede sich in Abhängigkeit der Soziodemographie erkennen lassen (7.2.1). Der zweite Abschnitt zeigt die Beurteilung des Gesamtimages aus der Sicht der chinesischen Opinion Leaders und Studenten (7.2.2).

7.2.1 Das Gesamtimage der Schweiz bei der Bevölkerung Chinas

Wie in den anderen Imagestudien, wurde auch in China zunächst das Gesamtimage der Schweiz im Vergleich zu verschiedenen anderen Ländern erfasst. Hierzu wurden die verschiedenen Befragtengruppen gebeten, das Image der Schweiz und der in der Studie berücksichtigten Vergleichsländer auf einer von 1 bis 100 reichenden Ratingskala zu beurteilen.

---

[113] An dieser Stelle sei ergänzend vermerkt, dass im Hinblick auf die Überprüfung allfälliger Beurteilungsunterschiede in Hongkong zusätzlich eine Stichprobe der Bevölkerung sowie eine Stichprobe der Meinungsführer befragt wurden. Vgl. Ergebnisbericht China.

[114] Vgl. hierzu auch die Ausführungen in Abschnitt 7.4.

Abbildung 32 zeigt, wie die Bevölkerung Chinas das Gesamtimage der Schweiz im Vergleich zu jenen der sechs Vergleichsländer beurteilt. Dabei ist zu erkennen, dass das Gesamtimage der Schweiz in China sehr positiv ausgeprägt ist. Die chinesische Bevölkerung beurteilt das Image der Schweiz auf der verwendeten 100er-Skala mit einem Wert von 77.8 am besten. An zweiter Stelle folgt Frankreich – deutlich vor Deutschland, Grossbritannien, Südkorea und Österreich. Mit 62.3 weist die USA den klar tiefsten Gesamtimagewert auf.

Abbildung 32: Das Gesamtimage der Schweiz in China im Vergleich mit ausgewählten Benchmark-Ländern

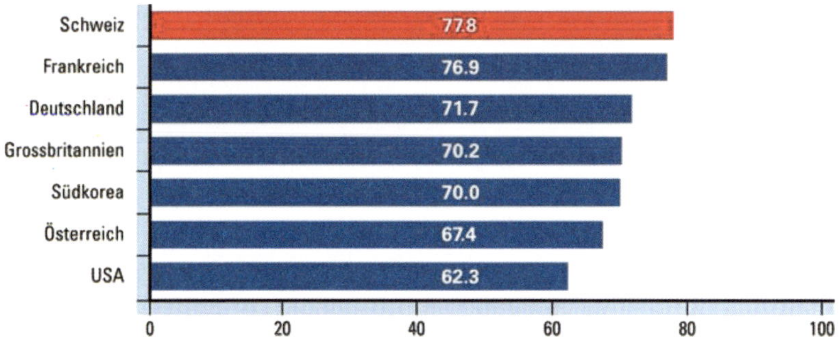

Basis: Bevölkerung China, 2000 Personen
Skala: 1-100, 1 = sehr schlecht, 100 = sehr gut

Zur Analyse allfälliger Beurteilungsunterschiede innerhalb der Bevölkerung wurde das Image der Schweiz in einem weiteren Schritt bei verschiedenen soziodemographischen Gruppen untersucht. Dabei hat sich gezeigt, dass die Einschätzung des Gesamtimages der Schweiz durch verschiedene Bevölkerungsgruppen generell nur geringfügig variiert. Die Ergebnisse dieser Differenzierungen zeigen somit insgesamt ein sehr homogenes Bild.

Trotz dieser hohen Homogenität lassen sich auch in China einige erwähnenswerte Unterschiede erkennen. Wie in Abschnitt 3.2 bereits ausgeführt worden ist, deuten die Daten darauf hin, dass die befragten Chinesen das Gesamtimage der Schweiz leicht besser beurteilen als die Chinesinnen.[115] Interessante Differenzen zeigen sich auch bezüglich des Bildungsniveaus: Währenddem der Gesamtimagewert der Schweiz bei Personen mit einem Junior-High-School-Abschluss bei 73.1 liegt, steigt dieser mit zunehmender Ausbildung

[115] Eine leichte Besserbeurteilung durch chinesische Männer zeigt sich auch beim Gesamtimage Deutschlands. Das Gesamtimage Südkoreas und Grossbritanniens werden hingegen von den Chinesinnen besser bewertet.

und beträgt bei Universitäts- und Postgraduate-Absolventen beachtliche 82.4 Punkte. Unterschiede sind auch bei der Differenzierung nach Sozialklassen zu beobachten. Wie der Grafik zu entnehmen ist, steigt die Beurteilung des Gesamtimages der Schweiz mit zunehmendem Einkommen.[116]

Abbildung 33: Das Gesamtimage der Schweiz bei verschiedenen Bevölkerungsgruppen

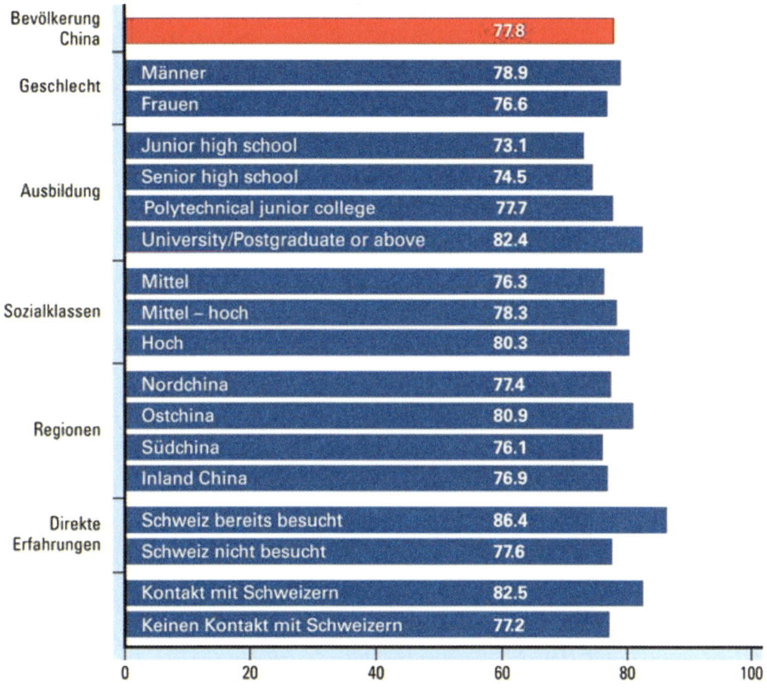

Basis: Bevölkerung China, 2000 Personen
Skala: 1-100, 1 = sehr schlecht, 100 = sehr gut

Zu erwähnen sind auch die Unterschiede, die sich bei der Beurteilung der Schweiz durch die Befragten der verschiedenen Regionen ergeben. Hier fällt auf, dass Ostchina das Image der Schweiz deutlich besser beurteilt als die übrigen drei Regionen. Interessanterweise lässt sich diese Beobachtung auch bei den Vergleichsländern feststellen. Wie eine hier nicht näher dargestellte Auswertung ergeben hat, liegen die Imagewerte der Vergleichsländer, allerdings mit Ausnahme von Südkorea, in Ostchina ebenfalls deutlich über denjenigen der anderen drei Regionen. Die Reihenfolge der Länderbeurteilungen – gemäss welcher die

116 Aufgrund der Stichprobendefinition beschränkt sich die Analyse auf mittlere bis hohe monatliche Einkommen.

Schweiz vor Frankreich an der Spitze liegt und die USA nach Österreich den letzten Rang einnimmt – bleibt aber in allen vier Regionen bestehen. Es lässt sich somit festhalten, dass die Schweiz, die berücksichtigten europäischen Länder wie auch die USA in Ostchina vergleichsweise deutlich höhere Gesamtimagewerte erzielt haben. Die relativen Ergebnisse zwischen dem Image der Schweiz und jenen der Vergleichsländer (Reihenfolge) stimmen aber dennoch in allen vier Regionen weitgehend überein.[117]

Wie an anderer Stelle erläutert wurde, kann das Wissen über ein Land – insbesondere aber die direkten Erfahrungen – die Beurteilung desselben massgeblich beeinflussen. Dies lässt sich auch beim Gesamtimage in China erkennen. Chinesen, welche die Schweiz zuvor bereist haben oder vorgängig bereits mit Schweizern Kontakt hatten, beurteilen das Gesamtimage der Schweiz deutlich besser als jene Personen, die die Schweiz nur aus indirekten Erfahrungen (Medien) kennen.

7.2.2 Das Gesamtimage der Schweiz bei den Opinion Leaders in China

Die Frage zum Gesamtimage wurde auch den in der Studie befragten Opinion Leaders – den Managern, Politikern, Medienvertretern – sowie den Studenten gestellt. Da die Ergebnisse dieser Befragtengruppen in China insgesamt sehr homogen sind[118], werden diese in den nachfolgenden Ausführungen und Abbildungen nicht getrennt betrachtet, sondern zu einer Opinion Leader-Gruppe zusammengefasst.

Abbildung 34 zeigt, wie die chinesischen Opinion Leaders das Gesamtimage der Schweiz und diejenigen der Benchmark-Länder beurteilen. Dabei ist zu erkennen, dass das Gesamtimage der Schweiz bei den befragten Opinion Leaders ausgezeichnet ist. Mit einem Gesamtimagewert von 83.8 Punkten liegt die Schweiz im Vergleich zu den Benchmark-Ländern klar an erster Stelle – vor Frankreich (81.6), Deutschland (79.9), Grossbritannien (75.5), Österreich (74.1), der USA (73.8) und Südkorea (72.6).

[117] Interessante Ergebnisse zu den Regionen sind auch dem Abschnitt 7.8 zu entnehmen.

[118] Vgl. hierzu auch die Ausführungen im Ergebnisbericht «Das Image der Schweiz in China», Pasquier/Weiss Richard (2006).

Abbildung 34: Das Gesamtimage der Schweiz im Vergleich mit ausgewählten Benchmark-Ländern aus der Sicht der Opinion Leaders

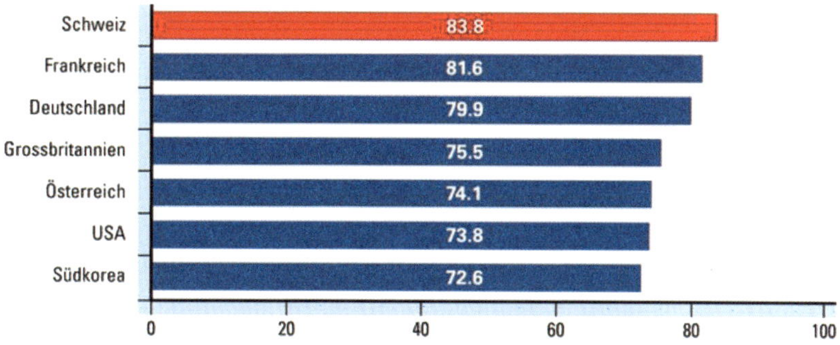

Basis: Opinion Leaders China, 860 Personen
Skala: 1-100, 1 = sehr schlecht, 100 = sehr gut

Wie aus einem Vergleich mit den in Abschnitt 7.2.1. dargestellten Ergebnissen hervorgeht, liegt dieser hohe Wert für das Gesamtimage der Schweiz (83.8) aber auch deutlich über dem entsprechenden Wert der Bevölkerungsstichprobe (77.8). Dies gilt allerdings auch für alle Benchmark-Länder. Diese werden von den befragten Opinion Leaders ebenfalls deutlich besser beurteilt als von Seiten der Bevölkerung Chinas. Ein möglicher Erklärungsansatz für diese Differenzen könnte in der unterschiedlich hohen Länderkenntnis von Bevölkerung und Opinion Leaders liegen. Ergänzend sei vermerkt, dass die geringsten Urteilsdifferenzen zwischen der Bevölkerung und den Opinion Leaders beim Image Südkoreas auftreten, was darauf hindeuten könnte, dass die Bevölkerung – aufgrund der geographischen Nähe und der Medienpräsenz Südkoreas – über eine ähnlichere Wissensgrundlage verfügt, wodurch es auch zu einer ähnlicheren Beurteilung kommt.

Über die Reihenfolge der Gesamtimages sind sich die Opinion Leaders und die Bevölkerung – trotz der erwähnten Unterschiede – weitgehend einig. So liegt das Gesamtimage der Schweiz jeweils an erster Stelle. Das Gesamtimage Frankreichs belegt Rang zwei, dasjenige Deutschlands Rang drei und das Gesamtimage Grossbritanniens Rang vier. Einzig das Gesamtimage der USA wird von den Opinion Leaders besser beurteilt als von der Bevölkerung.

Zusammenfassend lässt sich somit festhalten, dass das Gesamtimage der Schweiz bei der Bevölkerung wie auch bei den Opinion Leaders Chinas sehr positiv ausgeprägt ist und sich insgesamt äusserst homogen präsentiert. Es gibt nur geringe Unterschiede zwischen den verschiedenen Bevölkerungsgruppen sowie zwischen Managern, Politikern, Medienvertretern und Studenten. Man könnte höchstens sagen, dass die befragten Chinesen, welche einer oberen sozialen Schicht angehören, eine hohe Ausbildung haben, in Ostchina wohnen oder über eine sehr gute Länderkenntnis verfügen, dass Gesamtimage der Schweiz vergleichsweise besser beurteilen.

7.3 Spontane Assoziationen zur Schweiz aus der Sicht der Bevölkerung Chinas

Interessant im Hinblick auf die Planung konkreter Kommunikationsmassnahmen zur Stärkung des Landesimages ist auch die Frage, welche Vorstellungen und Bilder die Befragten mit einem Land verbinden. Zur Ermittlung des aktiven Wissens wurde die Bevölkerung in China – ohne Vorgabe von Antworten – gebeten, spontan jene Assoziationen zu nennen, welche sie mit der Schweiz und ausgewählten Benchmark-Ländern (USA, Deutschland und Südkorea) verbinden.

Eine Betrachtung der für die vier untersuchten Länder erfassten Gesamtnennungen hat ergeben, dass Südkorea am meisten Nennungen erhalten hat[119], was sich sicherlich zu einem grossen Teil mit der grösseren geographischen und kulturellen Nähe zwischen China und Südkorea erklären lässt. An zweiter Stelle stehen die USA – vor Deutschland und der Schweiz. Mit durchschnittlich 1.5 Nennungen pro Befragten liegt die Schweiz gleich auf mit Deutschland, was aufgrund der Grösse und Bedeutung Deutschlands doch eher überrascht.

Um die unterschiedlichen Nennungen darstellen zu können, wurden die von den Befragten angeführten Assoziationen thematisch geordnet und zu verschiedenen Kategorien zusammengefügt.

Abbildung 35 enthält die Ergebnisse für die Schweiz. Dabei ist zu erkennen, dass rund die Hälfte der befragten Chinesen beim Stichwort «Schweiz» spontan Assoziationen zum Thema *«Uhrenindustrie/Uhren»* nennen, wobei Aussagen zur Bekanntheit der Schweiz als Uhrenhersteller überwiegen (47%). Die übrigen Nennungen enthalten Erwähnungen konkreter Uhrenmarken wie Rolex, Omega, Longines sowie die in der Schweiz wenig bekannte Uhrenmarke Titoni. Jede fünfte Person führt im Zusammenhang mit der Schweiz *landschaftsbezogene Assoziationen* an. Genannt werden insbesondere die «wunderschöne Landschaft» (13.2%), die Schneeberge (3.8%), die Alpen (1.9%) sowie der Genfersee

[119] Die Zahl der Gesamtnennungen zu Südkorea beträgt 3975, jene zur Schweiz 3065.

(1.7%). An dritter Stelle stehen Aussagen zu *Schweizer Banken.* Neben der am häufigsten genannten Aussage «Schweizer Banken sind die bekanntesten Banken der Welt» (10.8%), sprechen die Befragten auch deren Vertrauenswürdigkeit und Fortschrittlichkeit an. Erwähnenswert erscheint, dass keine negativ gefärbten Nennungen zum Schweizer Bankenplatz angeführt wurden. Jeder zehnte Befragte assoziiert mit der Schweiz spontan den *Wintersport.* Interessant aus Schweizer Sicht erscheinen auch die Nennungen zu Neutralität und Friede, zur intakten Umwelt sowie zum hohen Lebensstandard. Insgesamt lässt sich zur Schweiz festhalten, dass die befragten Chinesen mit der Schweiz vor allem positive Assoziationen einer idyllischen Schweiz verbinden.

Abbildung 35: Aktives Wissen der Bevölkerung in China über die Schweiz

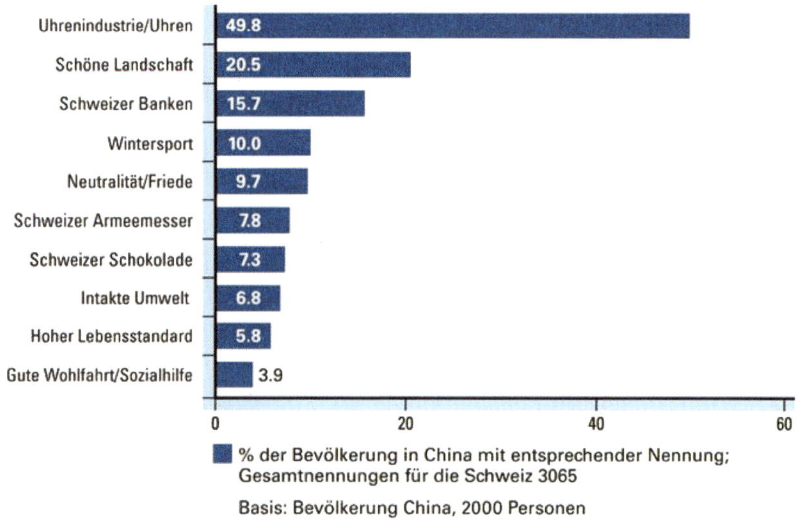

Zum Vergleich werden in Abbildung 36 auch die für Deutschland, die USA und Südkorea ermittelten Ergebnisse dargestellt.

Zu Deutschland werden vier Themen ähnlich häufig genannt. An erster Stelle stehen mit Aussagen wie «Zweiter Weltkrieg», «Hitler» und «Nazi» vorwiegend negative Assoziationen zur Geschichte Deutschlands. Die anderen drei häufig genannten Themenbereiche beinhalten positive Assoziationen zur Wirtschaft und zur hohen Qualität deutscher Produkte sowie Nennungen bekannter deutschen (Automobil-)Marken.

Bei den Assoziationen zur USA stehen Nennungen zu Wirtschaft und Technologie an erster Stelle. Aussagen zur guten Wirtschaftslage, zu bedeutenden Branchen sowie zu technologischen Entwicklungen und Fortschritt werden von rund einem Drittel der befragten Chinesen angeführt. Bei der Betrachtung der übrigen Themenbereiche fällt auf, dass mit den USA auch zahlreiche negativ gefärbte Assoziationen zu Themen wie Krieg (Irakkrieg, Golfkrieg etc.), Terrorismus (911-Attacke) oder Hegemonie/Politik («international policeman») verbunden werden. Bei den Nennungen der Persönlichkeiten handelt es sich im Wesentlichen um George Bush, Bill Clinton und Bill Gates.

Die vergleichsweise hohen Prozentzahlen bei den für Südkorea ermittelten Themen verdeutlichen das deutlich höhere Wissen über Südkorea. Am häufigsten genannt werden koreanische Fernsehserien und Filme, was die hohe Bedeutung der koreanischen Unterhaltungsindustrie in China widerspiegelt. Im Übrigen dominieren Assoziationen zur Wirtschaft und zu bekannten Marken (Samsung, Hyundai, LG etc.) sowie zum koreanischen Essen und den Traditionen.

Aufgrund dieser Ergebnisse lassen sich folgende Punkte festhalten:

– Die meisten Nennungen resultieren zu Südkorea, was aufgrund der geographischen Nähe kaum überrascht. Interessant erscheint hingegen, dass die Chinesen zur Schweiz ähnlich viele Assoziationen anführen konnten wie zum deutlich grösseren Nachbarstaat Deutschland.
– Mit der Schweiz werden in China vorwiegend positive Assoziationen verbunden. Deutschland und die USA werden hingegen auch mit etlichen negativen Themen assoziiert (Kriege, Terrorismus, Geschichte).
– Bei Deutschland und den USA beziehen sich zahlreiche Assoziationen auf die Wirtschaft, auf die Fortschrittlichkeit, die Technologie und die gute Produktqualität. In der Schweiz werden die für die Schweiz typischen Produkte angeführt (Uhren, Banken etc.), ansonsten fehlen aber Aussagen zur Schweizer Wirtschaft.

Abbildung 36: Aktives Wissen der Bevölkerung in China über Deutschland, die USA und Südkorea

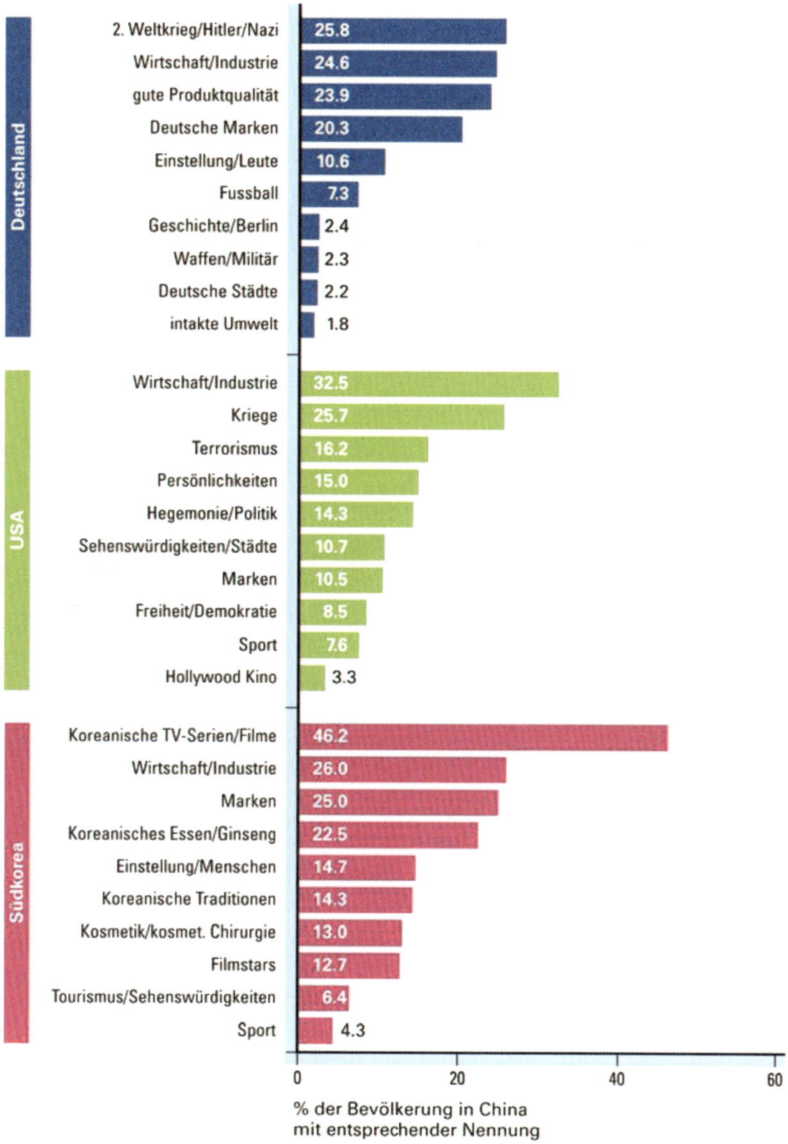

Basis: Bevölkerung China, 2000 Personen

Abschliessend sei noch erwähnt, dass die befragten Chinesen in zwei Zusatzfragen nach Schweizer Persönlichkeiten und bekannten Schweizer Regionen bzw. Orten gefragt wurden. Die Ergebnisse zu diesen Fragen machen deutlich, dass die grosse Mehrheit der chinesischen Bevölkerung keine Schweizer Persönlichkeiten kennt.[120] Die hier ebenfalls nicht näher dargestellten Ergebnisse zu bekannten Orten in der Schweiz zeigen, dass rund jeder vierte Befragte «Genf» nennt. Deutlich weniger bekannt sind dagegen andere Orte bzw. Regionen in der Schweiz. So wird beispielsweise Zürich von 2.4%, Bern von 2.2%, Lausanne von 1.6% und Luzern von lediglich 0.4% der Befragten spontan genannt.[121]

7.4 Das Imageprofil der Schweiz in China

Da neben dem Gesamtbild auch die detaillierte Beurteilung der Länderimages interessiert, wurden in einem weiteren Frageblock die Bedeutung und Bewertung der Imagedimensionen erhoben. Dabei gilt es allerdings zu berücksichtigen, dass die beiden Dimensionen «unterstützt humanitäre und menschenrechtliche Anliegen» und «erlaubt den Bürgern einen starken Einfluss auf die politischen Entscheidungsfindungen», welche in den vorhergehenden Länderstudien mehrheitlich als sehr bedeutend beurteilt worden sind, in China nicht gestellt werden konnten. Gemäss Aussage des beauftragten chinesischen Marktforschungsinstituts sind in China Fragen, welche sich auf humanitäre oder bestimmte politische Aspekte beziehen, problematisch bzw. nicht zugelassen. Ergänzend gilt es zudem zu vermerken, dass die Dimensionen «arbeitet auf internationale Zusammenarbeit hin» und «bietet gute Investitionsmöglichkeiten» nur von den Opinion Leadern beurteilt wurden, und dass die Dimension «hat Firmen, die als verlässliche und vertrauenswürdige Geschäftspartner bekannt sind» im Hinblick auf eine Verkürzung des Fragebogens gestrichen wurde.

---

120 Von den 2000 Befragten nannten lediglich 34 Personen «Roger Federer» und weitere 30 Personen «Martina Hingis».

121 Vgl. hierzu den Ergebnisbericht China, 2006.

Abbildung 37: Das Imageprofil der Schweiz in China

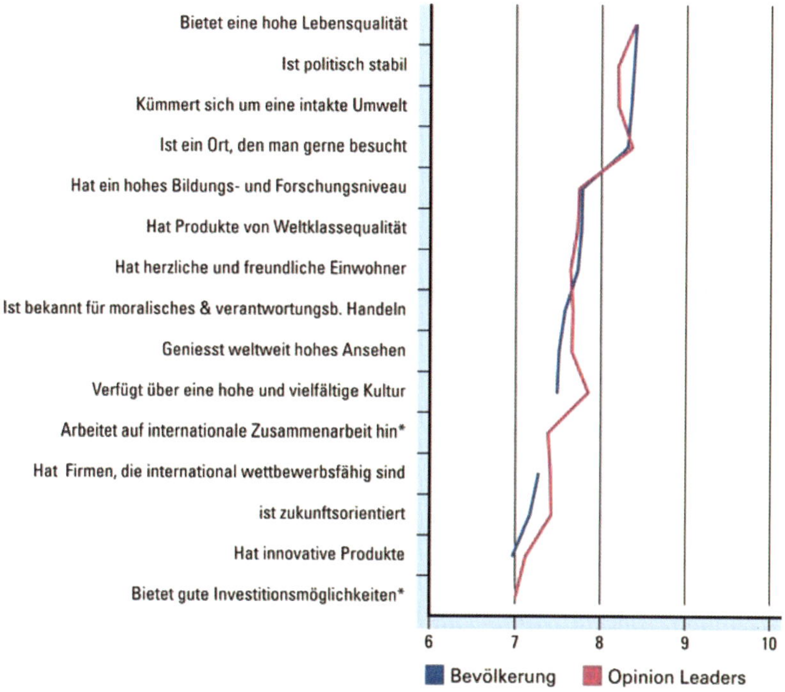

* Diese Dimension wurde nur bei den Opinion Leaders erhoben
Basis: Bevölkerung China, 2000 Personen; Opinion Leaders China, 860 Personen
Skala: 1-10, wobei 1 = trifft gar nicht zu; 10 = trifft voll und ganz zu

Abbildung 37 zeigt das Imageprofil der Schweiz aus der Sicht der Bevölkerung und der Opinion Leaders in China. Dabei ist zu erkennen, dass das Image der Schweiz von den beiden Befragtengruppen insgesamt sehr ähnlich und sehr positiv beurteilt wird. Sämtliche Werte liegen auf der von 1 (trifft überhaupt nicht zu) bis 10 (trifft sehr zu) reichenden Skala zwischen 7.0 und 8.4 Punkten und der Verlauf der beiden Imageprofile ist weitgehend identisch. So sind sich die Befragten der beiden Stichproben offenbar einig, welche vier Dimensionen besonders gut auf die Schweiz zutreffen. Die Dimensionen «bietet eine hohe Lebensqualität», «ist politisch stabil», «kümmert sich um eine intakte Umwelt» und «ist ein Ort, den man gerne besucht» erreichen alle einen Mittelwert von 8.2 und höher und widerspiegeln daher die charakteristischsten Dimensionen der Schweiz in China.[122] An fünfter Stelle und mit deutlichem Abstand folgt die Dimension «hat ein hohes Bildungs-

[122] Am Rande sei hier vermerkt, dass diese Dimensionen mit den ersten vier Dimensionen der in Kapitel 5 dargestellten Gesamtrangliste aller Imagestudien übereinstimmen.

und Forschungsniveau». Die Befragten sind sich aber auch bezüglich der vergleichsweise deutlich weniger auf die Schweiz zutreffenden Dimensionen einig. So lassen sich bei den Dimensionen «hat innovative Produkte», «ist zukunftsorientiert» und «bietet gute Investitionsmöglichkeiten» die insgesamt tiefsten Beurteilungen erkennen.

Diese Ergebnisse deuten somit darauf hin, dass die Schweiz in China vor allem als stabiles, umweltbewusstes Land gesehen wird, in welchem es sich sehr gut leben lässt bzw. welches man gerne besucht. Wirtschaft, Zukunftsorientierung und vor allem Innovationskraft werden deutlich weniger stark mit der Schweiz verbunden.

Wie einleitend erwähnt, wurde neben der Beurteilung der einzelnen Dimensionen auch deren generelle Bedeutung zur Beurteilung von Ländern erfasst. Da die Bedeutung der Dimensionen im Hinblick auf die Interpretation obenstehender Ergebnisse von Interesse ist, wird in Abbildung 38 ergänzend eine kombinierte Darstellung von Bedeutung und Beurteilung der Imagedimensionen gezeigt. Konkret sind in dieser Abbildung vier Quadranten zu erkennen, welche sich durch die Gegenüberstellung der Bedeutung der Imagedimensionen (horizontale Achse) und den für die Schweiz ermittelten Beurteilungen dieser Dimensionen (vertikale Achse) ergeben.[123]

In Abbildung 38 interessiert insbesondere Quadrant A. Dieser umfasst jene Dimensionen, welche aus der Sicht der Befragten von grosser Bedeutung sind und für die Schweiz sehr positiv beurteilt werden und daher als Stärken der Schweiz zu interpretieren sind. Hierzu zählen die Dimensionen, welche sich auf die hohe Lebensqualität, die politische Stabilität, dic Bewahrung einer intakten Umwelt und – mit etwas tieferer Bewertung – auf das hohe Bildungs- und Forschungsniveau beziehen. Interessant erscheint hierbei, dass drei dieser vier für die Schweiz besonders positiv bewerteten Dimensionen bei den drei bedeutendsten Dimensionen auftreten.

123 Die verschiedenen Quadranten dieser Grafik sind somit ähnlich zu interpretieren wie jene der kombinierten Grafiken in Kapitel 5. Allerdings basieren die in Abbildung 38 dargestellten Punkte auf den für die Bedeutung und Beurteilung der Dimensionen ermittelten Mittelwerten der befragten Bevölkerung Chinas.

Abbildung 38: Bewertung und Bedeutung der Imagedimensionen aus der Sicht der Bevölkerung Chinas

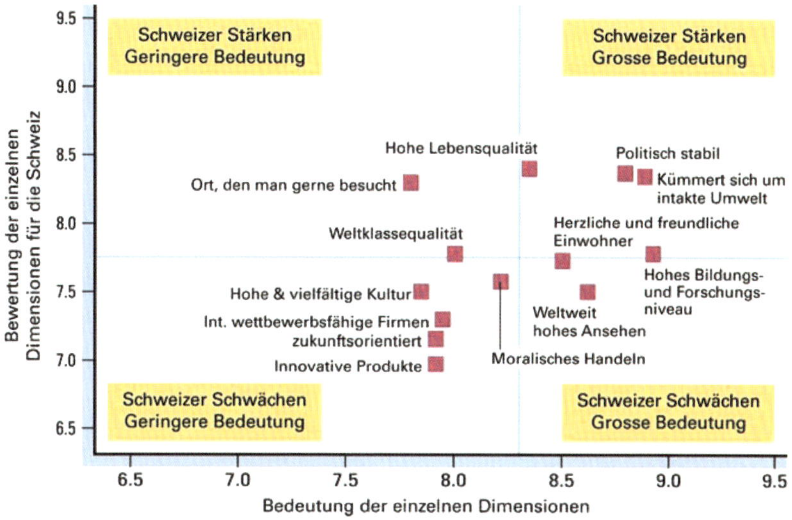

Basis: Bevölkerung China, 2000 Personen
X-Achse: Skala 1-10, wobei 1 = überhaupt nicht wichtig; 10 = sehr wichtig
Y-Achse: Skala 1-10, wobei 1 = trifft gar nicht zu; 10 = trifft voll und ganz zu

Die höchste Bedeutung attestieren die Befragten – mit einem Wert von 8.93 – der Dimension «hat ein hohes Bildungs- und Forschungsniveau». Diese hohe Bedeutung lässt sich zum Teil mit dem unbefriedigenden Bildungssystem in China beziehungsweise der positiven Wahrnehmung der Bildungsangebote westlicher Länder begründen. Wer in China die Möglichkeit hat, lässt sich in einem westlichen Land aus- oder weiterbilden und kehrt dann als qualifizierte und wettbewerbsfähige Person auf den chinesischen Arbeitsmarkt zurück. Wie in Abbildung 38 zu erkennen ist, liegt die Beurteilung dieser Dimension für die Schweiz nur knapp über dem Durchschnitt. Ein allfälliges «Abrutschen» auf dieser bedeutenden Dimension sollte daher nach Möglichkeit verhindert werden.

Im Quadranten B sind jene Dimensionen zu erkennen, welche von den Befragten als sehr bedeutend, gleichzeitig aber als für die Schweiz weniger zutreffend beurteilt wurden. Hierbei handelt es sich um die Dimensionen «geniesst weltweit internationales Ansehen» und «hat herzliche und freundliche Einwohner».

Quadrant C enthält jene Dimensionen, welche vergleichsweise schlechter bewertet werden und denen zur Beurteilung von Ländern im Allgemeinen eine geringere Bedeutung attestiert wird. Dieser umfasst Dimensionen wie «hat innovative Produkte», «ist zukunftsorientiert» oder «hat Firmen, die international wettbewerbsfähig sind». Dieses Ergebnis ist – trotz der geringeren Bedeutung – aus wirtschaftlicher Sicht als kritisch einzuschätzen.

Im Quadranten D sind jene Dimensionen dargestellt, die weniger bedeutend sind, welche aber auf die Schweiz zutreffen. Neben der besonders positiv beurteilten Dimension «ist ein Ort, den man gerne besucht», fällt auch die Weltklassequalität von Schweizer Produkten in diesen Quadranten und ist somit die einzige «Made in»-Image-Dimension, welche für die Schweiz überdurchschnittlich beurteilt wird.

7.5 Stärken und Schwächen der Schweiz in China

Im Hinblick auf eine bessere Einschätzung der in Abschnitt 7.4 dargestellten Ergebnisse, wird das Imageprofil der Schweiz in einem weiteren Schritt den Imageprofilen ausgewählter Benchmark-Länder (Deutschland und USA) gegenübergestellt. Zur Veranschaulichung dieser relativen Stärken und Schwächen werden in den nachfolgenden Abbildungen die Differenzen zwischen dem Imageprofil der Schweiz und demjenigen des jeweiligen Benchmark-Landes dargestellt.

Abbildung 39 zeigt zunächst, wie die Bevölkerung und die Opinion Leaders Chinas die Schweiz im Vergleich zu Deutschland sehen. Dabei fällt auf, dass sich die beiden Befragtengruppen einig sind, welche Dimensionen zu den Stärken bzw. den Schwächen der Schweiz zählen. Bei rund der Hälfte aller erfassten Dimensionen weist die Schweiz bedeutende Stärken gegenüber Deutschland auf. Die drei bedeutendsten Stärken lassen sich bei der Bevölkerung wie auch bei den Opinion Leaders auf den Dimensionen «ist ein Ort, den man gerne besucht», «ist politisch stabil» und «bietet eine hohe Lebensqualität» identifizieren – und somit bei Aussagen, welche sich auf die Schweiz als Lebensraum beziehen («Live in»-Image-Dimensionen).

Die Schwächen hingegen umfassen mehrheitlich Dimensionen, welche sich auf wirtschaftliche Aspekte beziehen («Made in»-Image-Dimensionen). Die kritischsten Schwächen sind bei den Dimensionen «hat Firmen, die international wettbewerbsfähig sind» und «hat innovative Produkte» zu erkennen.

Abbildung 39: Bevölkerung und Opinion Leaders Chinas über die Stärken und Schwächen der Schweiz gegenüber Deutschland

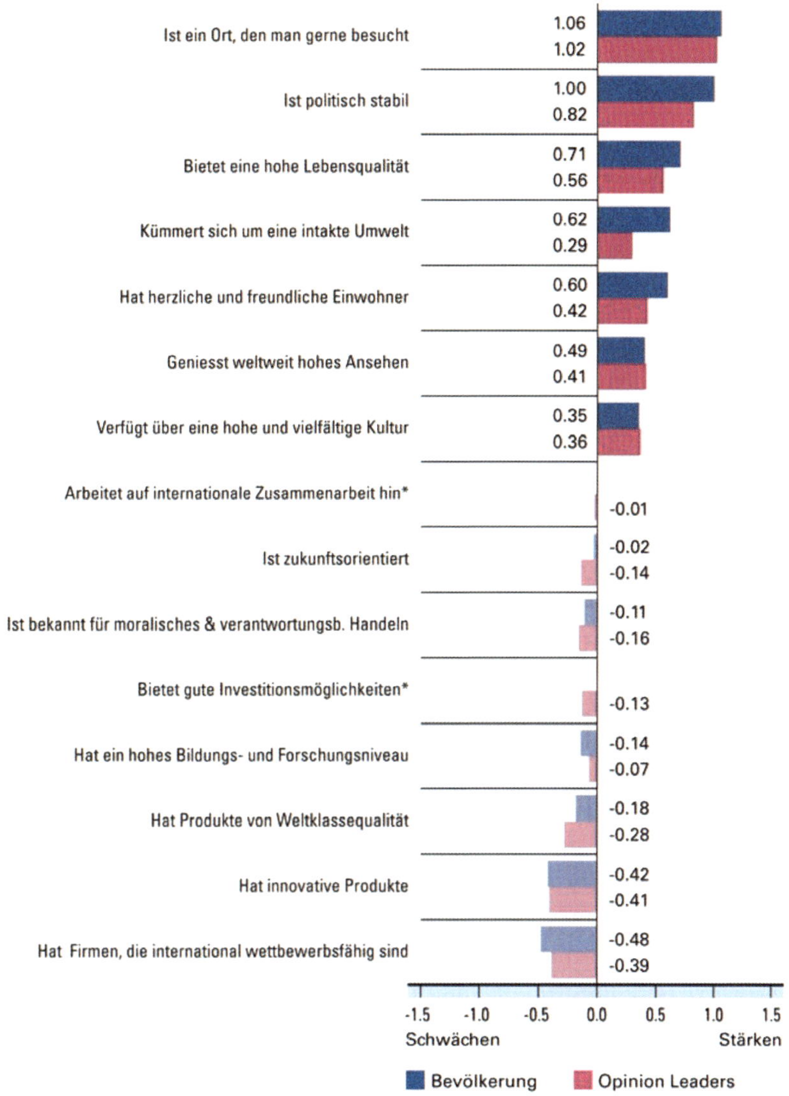

* Diese Dimension wurde nur bei den Opinion Leaders erhoben
Basis: Bevölkerung China, 2000 Personen; Opinion Leaders China, 860 Personen

Ähnliche Ergebnisse resultieren auch beim Vergleich zum Benchmark-Land USA, wenn auch mit bedeutend grösseren Differenzen (vgl. Abbildung 40).

So weist die Schweiz auch gegenüber den USA auf der Mehrzahl der Dimensionen Stärken auf. Die bedeutendsten Stärken sind – sowohl aus Sicht der Bevölkerung wie auch aus Sicht der Opinion Leaders – bei den Dimensionen «ist politisch stabil», «geniesst weltweit hohes Ansehen» und «ist ein Ort, den man gerne besucht» zu erkennen. Insgesamt zeigt sich auch hier, dass sich die Schweiz vor allem durch «Live in»-Image-Dimensionen positiv von den USA unterscheidet.

Die Schwächen gegenüber den USA betreffen – ähnlich wie gegenüber Deutschland – vor allem «Made in»-Image-Dimensionen. Gewichtige Defizite zeigen sich insbesondere bei den Dimensionen, welche den Innovationsgehalt von Schweizer Produkten, die vorhandenen Investitionsmöglichkeiten und die internationale Konkurrenzfähigkeit von Schweizer Unternehmen betreffen.

Kritisch erscheint schliesslich auch das Ergebnis für die Dimension «hat ein hohes Bildungs- und Forschungsniveau», welches in China als bedeutendste Dimension eingeschätzt worden ist. Die Schweiz wird diesbezüglich von der Bevölkerung wie auch von den Opinion Leaders deutlich schlechter beurteilt als die USA.

Insgesamt lässt sich jedoch festhalten, dass die positiven Beurteilungen das gute Gesamtimage der Schweiz widerspiegeln.

Abbildung 40: Bevölkerung und Opinion Leaders Chinas über die Stärken und Schwächen der Schweiz gegenüber den USA

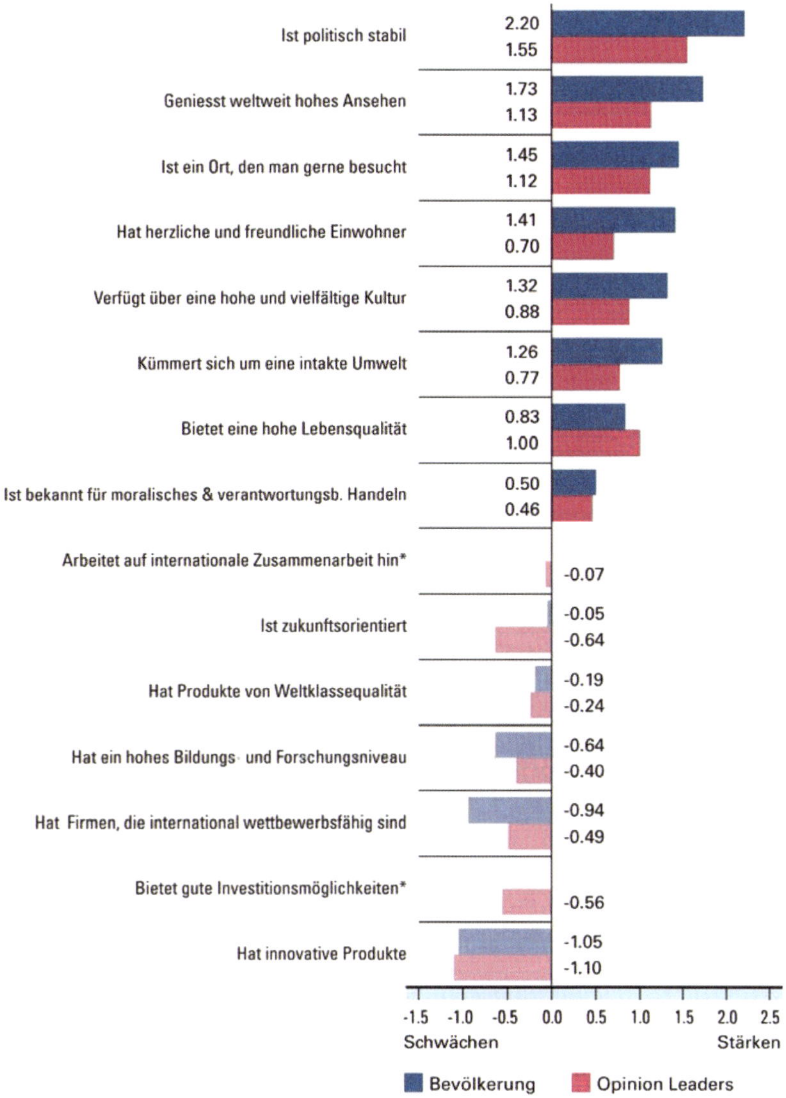

* Diese Dimension wurde nur bei den Opinion Leaders erhoben
Basis: Bevölkerung China, 2000 Personen; Opinion Leaders China, 860 Personen

7.6 Das Image von Schweizer Wirtschaftsbranchen in China

In den meisten Ländern lassen sich einige wenige, herausragende Branchen identifizieren.[124] Dabei handelt es sich im Allgemeinen um besonders typische und wirtschaftlich bedeutende Branchen. Die Unternehmen dieser Branchen verfügen meist über spezielle Angebotskompetenzen und sind auch international häufig sehr aktiv. Die Kenntnis dieser herausragenden Branchen ist von Interesse, da diese die Wahrnehmung der Schweiz und ihrer Charakteristika wie aber auch das Erfolgspotential von Schweizer Unternehmen im Ausland beeinflussen können. Daher wurde in der Länderstudie China – im Rahmen einer Zusatzfrage – untersucht, wie die chinesischen Opinion Leaders den Ruf ausgewählter Schweizer Branchen einschätzen.

Abbildung 41: Der Ruf von Schweizer Wirtschaftsbranchen aus der Sicht der chinesischen Opinion Leaders

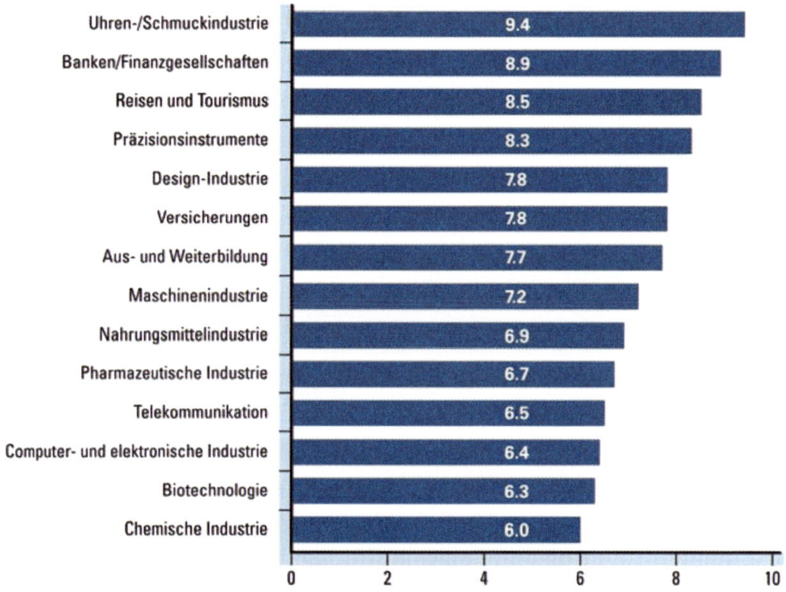

Basis: Opinion Leaders China, 860 Personen
Skala: 1-10, 1 = Schweiz hat hier keinen exzellenten Ruf
10 = Schweiz hat hier einen exzellenten Ruf

124 Vgl. bspw. Kühn/Weiss (1998).

Abbildung 41 zeigt, dass die Schweizer Uhren- und Schmuckindustrie mit einem Wert von 9.4 in den Augen der chinesischen Opinion Leaders einen hervorragenden Ruf geniesst. Diese Einschätzung überrascht wenig, bestätigt sie doch zum einen die Ergebnisse zu den spontanen Assoziationen[125], zum anderen aber auch die Erfolge, welche die Schweizer Uhren- und Schmuckindustrie – nicht zuletzt aufgrund der rasch steigenden Lebensstandards – in China verzeichnen kann. Spitzenränge erreichen aber auch die Banken und Finanzgesellschaften (8.9)[126], die Tourismusbranche (8.5) und die Präzisionsinstrumente-Industrie (8.3).

Deutlich kritischere Ergebnisse resultieren dagegen für Hightech-Branchen wie die Telekommunikation, die Computer-Industrie sowie für die Biotechnologie. Die letzte Position belegt die Chemische Industrie, was angesichts der wirtschaftlichen Bedeutung dieser Branche doch eher erstaunt. Eine mögliche Erklärung könnte darin liegen, dass die Produkte der Chemischen Industrie – welche sich von einfachen chemischen Basisgrundstoffen bis zu komplexen Spezialitätenchemikalien erstrecken – von der Öffentlichkeit weniger klar wahrgenommen werden als andere Produkte (z. B. Uhren).

Insgesamt kann man zu diesen Ergebnissen festhalten, dass die Schweiz vor allem in jenen Branchen einen herausragenden Ruf geniesst, deren Kennzeichen die Präzision, die Zuverlässigkeit, der Luxus und die Tradition sind. Branchen in hochtechnologischen Bereichen wie zum Beispiel der Biotechnologie, der Informationstechnologie und der Telekommunikation hingegen werden als deutlich weniger typisch für die Schweiz eingeschätzt.

7.7 Die Kenntnis schweizbezogener Themen in China

Interessant ist auch die Frage nach der Kenntnis bzw. Bekanntheit von aktuellen schweizbezogenen Themen oder Sachverhalten. Wie in Kapitel 2 erläutert worden ist, enthalten alle Länderstudien Fragen zur Kenntnis schweizbezogener Themen. In China mussten diese Fragen – mit Ausnahme derjenigen zur Schweiz als multikulturelles Land – allerdings ersetzt werden, weil sich diese zum Teil auf nicht mehr aktuelle Themen (z. B. Frage zum Swissair-Grounding) bezogen oder weil die Themen in den chinesischen Medien kaum präsent und daher zu wenig bekannt waren. Tabelle 10 gibt einen Überblick über die in China erhobenen Fragestellungen zur Kenntnis schweizbezogener Themen.

---

[125] Vgl. hierzu die Ausführungen in Abschnitt 7.3.

[126] Hierbei gilt es allerdings zu berücksichtigen, dass die Erhebung noch vor Bekanntwerden der teilweise beträchtlichen Abschreibungen mit Bezug zum US-amerikanischen Hypothekenmarkt erfolgt ist.

Tabelle 10: In China erhobene Fragestellungen zur Kenntnis schweizbezogener Themen

Themen	Fragestellungen:	bisher	neu
Kulturelle Vielfalt der Schweiz	«Die Schweiz ist ein Land, das vier verschiedene Kulturen und Landessprachen hat.»	Bevölkerung Opinion Leaders	
Neutrales Land	«Die Schweiz ist ein neutrales Land.»		Bevölkerung Opinion Leaders
Internationales Genf	«Genf beherbergt zahlreiche internationale Organisationen und ist ein bedeutendes Zentrum für internationale Zusammenarbeit.»		Bevölkerung Opinion Leaders
Schweizer Architekten entwarfen Olympiastadion	«Schweizer Architekten haben das Olympische National Stadion in Peking (Vogelnest) entworfen.»		Bevölkerung Opinion Leaders
Hohes Niveau der Ausbildungsangebote	«Die in der Schweiz angebotenen Ausbildungen sind auf internationalem Niveau positioniert.»		Bevölkerung Opinion Leaders
Europäischer Hauptsitz in der Schweiz	«Zahlreiche internationale Firmen haben die Schweiz als ihren europäischen Hauptsitz gewählt.»		Opinion Leaders

Abbildung 42 zeigt, wie viel Prozent der befragten Bevölkerung Chinas sich bezüglich der zur Schweiz abgefragten Themen als «bekannt und etwas vertraut» bzw. als «bekannt und sehr vertraut» bezeichnen.

Dabei ist zu erkennen, dass mehr als die Hälfte der Befragten weiss, dass Genf Hauptsitz zahlreicher internationaler Organisationen sowie ein bedeutendes Zentrum für internationale Zusammenarbeit ist (57.1%), und dass die Schweiz ein neutrales Land ist (53.7%). Deutlich geringer sind dagegen die Kenntnisse bei den übrigen drei Themen. So wissen weniger als ein Drittel der Befragten, dass die in der Schweiz angebotenen Ausbildungen auf internationalem Niveau liegen (29.7%), dass die Architekten des Olympischen Stadions in Peking («Birds nest») aus der Schweiz stammen (27.8%) und dass die Schweiz ein Land mit vier Kulturen und Landessprachen ist (26.1%).

Interessant erscheint auch ein Vergleich mit den Ergebnissen der Opinion Leaders, bei welchen bekanntlich deutlich höhere Kenntnisgrade zu erwarten sind. Abbildung 43 zeigt die entsprechenden Resultate, wobei zu erkennen ist, dass der Frageblock bei den Opinion Leaders um die Frage «Zahlreiche internationale Firmen haben die Schweiz als ihren europäischen Hauptsitz gewählt» ergänzt worden ist.

Abbildung 42: Die Kenntnis von ausgewählten schweizbezogenen Themen bei der Bevölkerung in China

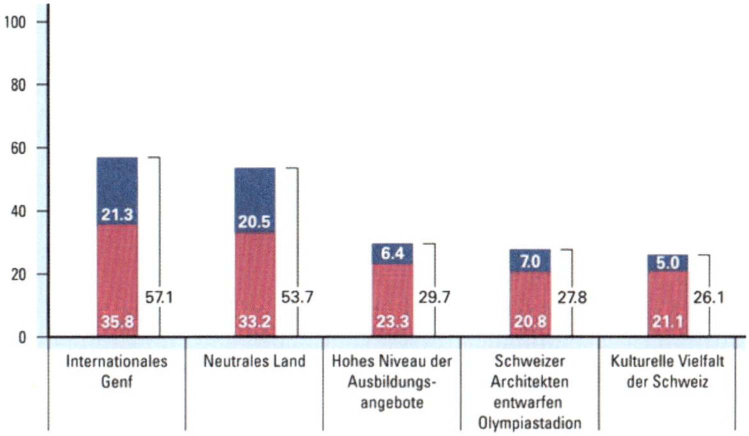

% der Bevölkerung, denen das Thema bekannt und sehr vertraut ist
% der Bevölkerung, denen das Thema bekannt und etwas vertraut ist

Basis: Bevölkerung China, 2000 Personen

Abbildung 43: Die Kenntnis von ausgewählten schweizbezogenen Themen bei den Opinion Leaders in China

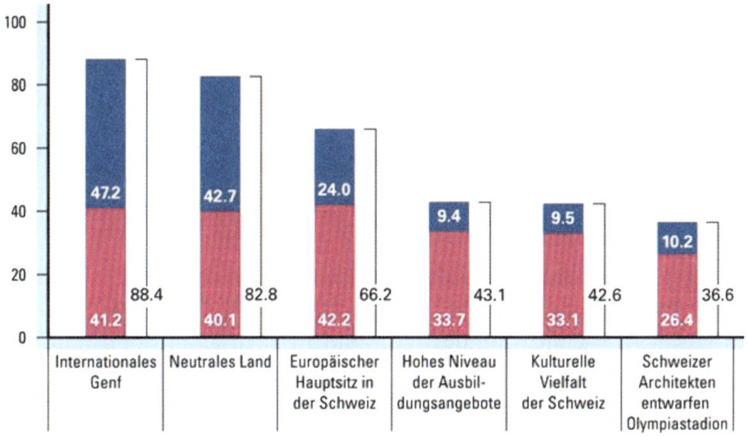

% der Opinion Leaders, denen das Thema bekannt und sehr vertraut ist
% der Opinion Leaders, denen das Thema bekannt und etwas vertraut ist

Basis: Bevölkerung China, 860 Personen

Am vertrautesten sind – wie zuvor bei der Bevölkerung Chinas – die Themen Internationales Genf und die Neutralität der Schweiz. Das Ausmass dieser Kenntnisse liegt mit 88.4 und 82.8 Prozent aber vergleichsweise deutlich höher. 66.2 Prozent der befragten Opinion Leaders wissen, dass zahlreiche internationale Unternehmen die Schweiz als Standort für ihren europäischen Hauptsitz wählen. Etwas weniger bekannt sind auch hier die Themen bezüglich der in der Schweiz auf internationalem Niveau angebotenen Ausbildungen (43.1%), der kulturellen Vielfalt der Schweiz (42.6%) sowie bezüglich der Schweizer Herkunft der Architekten, welche das Design für das Olympische Stadion in Peking entworfen haben (36.6%). Bei Letzterem gilt es allerdings zu bedenken, dass die Erhebung rund zwei Jahre vor der Fertigstellung des Nationalstadions erfolgt ist.

Wie eingangs erwähnt, wurde die Fragestellung zur kulturellen Vielfalt der Schweiz auch in den übrigen Länderstudien erfasst, wodurch sich interessante Vergleichswerte ergeben. Abbildung 44 zeigt das Ausmass der Kenntnis dieses Themas bei den befragten Bevölkerungsstichproben verschiedener Länder. Die geringsten Kenntnisse sind bei den Befragten der beiden asiatischen Länder zu beobachten. In der Bevölkerung Japans ist – wie in China – rund jede vierte Person mit dem Thema der kulturellen Vielfalt der Schweiz vertraut, in den USA jede zweite. Deutlich höher ist der Kenntnisstand in den europäischen Untersuchungsländern, geben doch rund 60% der Briten, 66% der Spanier und Franzosen sowie 84% der Deutschen an, mit dem Thema vertraut zu sein.

Abbildung 44: Der Kenntnisstand zur «kulturellen Vielfalt der Schweiz» im Ländervergleich

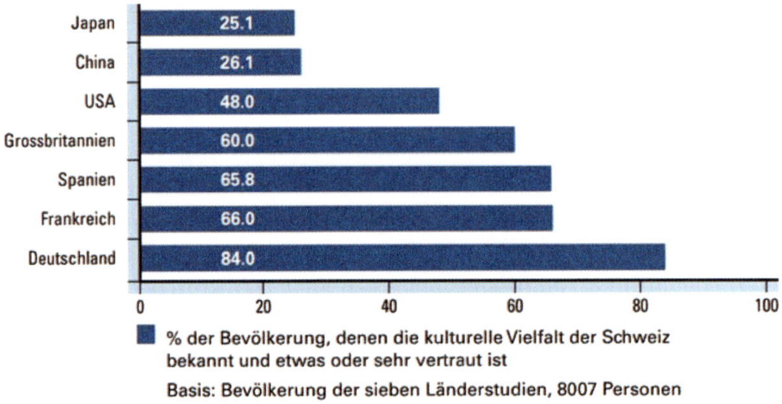

Anhand obenstehender Abbildung lässt sich der Einfluss der geographischen Nähe auf den länderbezogenen Kenntnisgrad gut veranschaulichen. Der Kenntnisgrad wiederum ist von Interesse, da die empirischen Ergebnisse insgesamt darauf hindeuten, dass sich eine hohe länderbezogene Kenntnis im Allgemeinen positiv auf die Beurteilung des Images eines Landes auswirkt.[127]

Diese Feststellung lässt sich auch in China beobachten. Wie in Abbildung 45 zu erkennen ist, beurteilen chinesische Befragte, welche mit dem jeweiligen Thema vertraut sind, das Gesamtimage der Schweiz deutlich besser als Personen ohne Kenntnis des Themas. Die grössten Unterschiede in der Beurteilung des Gesamtimages der Schweiz lassen sich dabei bei den Themen «Neutrales Land» (9.0) und «Internationales Genf» (7.7) feststellen. Offenbar verbinden Personen, welche über die Neutralität der Schweiz informiert sind oder welche die Bedeutung Genfs als Hauptsitz internationaler Organisationen sowie als Zentrum internationaler Zusammenarbeit kennen, deutlich mehr Facetten mit der Schweiz, was sich insgesamt positiv auf die Gesamtbeurteilung auswirkt.

Abbildung 45: Der Einfluss länderbezogener Kenntnis auf das Gesamtimage der Schweiz

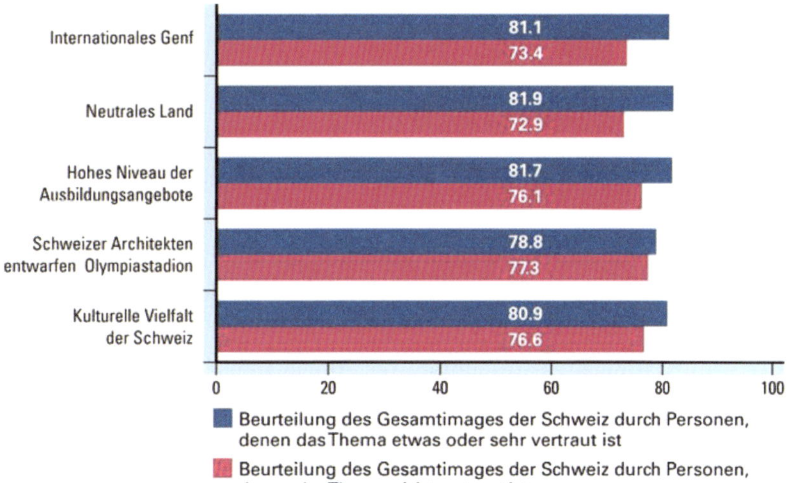

Basis: Bevölkerung China, 2000 Personen
Skala: 1-100, wobei 1 = sehr schlecht und 100 = sehr gut

[127] Vgl. hierzu die Ausführungen in Kapitel 6.

Der geringste Unterschied in der Beurteilung des Gesamtimages resultiert bei der Aussage bezüglich der Schweizer Herkunft der Architekten des Olympiastadions in Peking. Eine mögliche Begründung hierfür könnte darin liegen, dass dieses innovative Grossprojekt bei den Befragten vergleichsweise wenig weitere Assoziationen zur Schweiz hervorruft, wird die Schweiz allgemein als nicht besonders innovatives Land wahrgenommen. Hinzu kommt, dass sich das Nationalstadion zum Zeitpunkt der Befragung noch im Bau befand und dass in Peking bereits zuvor internationale Star-Architekten – wie zum Beispiel der Franzose Paul Andreu (Nationaloper Peking) oder der Brite Norman Foster (Flughafenerweiterung Peking) tätig waren.

Ergänzend sei vermerkt, dass die Ergebnisse der Opinion Leaders weitgehend identisch sind: Die Kenntnis der Themen führte auch dort zu einer vergleichsweisen Besserbewertung des Gesamtimages der Schweiz; die grössten Differenzen traten ebenfalls bei den Themen Internationales Genf und neutrales Land auf, die geringsten bei jenem bezüglich der Schweizer Architekten.

Insgesamt erlauben die dargestellten Ergebnisse die Schlussfolgerung, dass Befragte, welche über Kenntnisse der schweizbezogenen Themen verfügen, ein positiveres Image von der Schweiz haben als Befragte ohne entsprechende Kenntnisse. Generalisiert könnte man daher davon ausgehen, dass das Wissen über die Schweiz und ihre Charakteristika das Image der Schweiz bei den Chinesinnen und Chinesen positiv beeinflussen kann. Die Vermittlung von Informationen über die Schweiz würde sich demzufolge positiv auf das Gesamtimage auswirken, wobei bei Aussagen, welche sich auf prägnante Eigenschaften der Schweiz beziehen, grundsätzlich ein verstärkter Einfluss zu erwarten ist.

7.8 Image und Wissen in den untersuchten Regionen Chinas

Im Zusammenhang mit der Darstellung des Gesamtimages wurde aufgezeigt, dass das Gesamtimage der Schweiz im Osten Chinas deutlich besser ist als in den anderen untersuchten Regionen.[128] Aufgrund der Bedeutung allfälliger regionaler Unterschiede im Hinblick auf die Planung von Kommunikations-Massnahmen für diese Regionen wurde im Rahmen einer Zusatzauswertung untersucht, ob sich diese Unterschiede auch bei den Fragen zum Detailimage der Schweiz sowie bei den Fragen zur Kenntnis schweizbezogener Themen beobachten lassen.

---

[128] Untersucht wurden folgende Regionen: Nordchina (Beijing und Shenyang), Ostchina (Shanghai und Hangzhou), Südchina (Guangzhou und Shenzhen), Inland China (Chongqing und Xi'an). Vgl. hierzu auch die Ausführungen zum Studiendesign in Abschnitt 7.1.

Ein Vergleich der Detailimages zwischen den Regionen hat ergeben, dass der Verlauf der Imageprofile – trotz gewisser Urteilsdifferenzen – insgesamt recht ähnlich ist.[129] Die besten Werte für die Schweiz resultieren in allen Regionen bei den Dimensionen «hat eine hohe Lebensqualität», «ist politisch stabil», «kümmert sich um eine intakte Umwelt» und «ist ein Ort, den man gerne besucht», die tiefsten Werte bei «hat innovative Produkte» und «ist zukunftsorientiert». Erwähnenswerte Beurteilungsdifferenzen zeigen sich lediglich zwischen den Befragten Ostchinas und jenen Südchinas. Im Osten wird die Schweiz tendenziell etwas besser, im Süden dagegen etwas schlechter beurteilt.

Zu diesen Ergebnissen gilt es allerdings anzumerken, dass auch das Detailimage Deutschlands und zum Teil dasjenige der USA von der Bevölkerung im Osten Chinas tendenziell besser beurteilt wird. Daher stimmen die Stärken- und Schwächenprofile, welche sich aus dem Vergleich mit Deutschland bzw. mit den USA ergeben haben, mit denjenigen der Gesamtstichprobe weitgehend überein.

Interessante Ergebnisse resultieren aber auch bezüglich der Kenntnis schweizbezogener Themen in den verschiedenen Regionen. In allen vier Regionen zählen das Internationale Genf und die Neutralität der Schweiz zu den vertrautesten Themen. Der Prozentsatz derjenigen Personen, denen das Thema bekannt und etwas bzw. sehr vertraut ist, erweist sich bei der im Osten Chinas befragten Bevölkerung aber als deutlich höher. Dies lässt sich auch bei den anderen Themen beobachten.

Insgesamt deuten die Ergebnisse somit darauf hin, dass die Bevölkerung im Osten Chinas mehr über die Schweiz (und vermutlich auch über andere Länder) weiss und diese dadurch tendenziell auch besser beurteilt. Das vergleichsweise höhere Wissen der Bevölkerung im Osten Chinas bietet somit einen möglichen Erklärungsansatz für die beim Gesamtimage wie auch beim Detailimage beobachteten Besserbeurteilungen in Ostchina.

[129] Für Details vgl. Ergebnisbericht China.

8 Landeskommunikation der Schweiz am Beispiel der Aktivitäten in China

Seraina Flury Schmid
Referentin Grundlagen und Inhalte bei Präsenz Schweiz

Die Schweizer Landeskommunikation sucht das Image der Schweiz im Ausland so zu verändern, dass es den Interessen der Eidgenossenschaft dient. Sie beschäftigt sich folglich mit dem Image der Schweiz im Ausland (Fremdbild), mit dem Image der Schweiz bei der eigenen Bevölkerung (Eigenbild) sowie mit den tatsächlichen Stärken und Schwächen der Schweiz (Realität), die im internationalen Vergleich bestehen und folglich auch kommuniziert werden können.

Voraussetzung für eine erfolgreiche Landeskommunikation sind fundierte Kenntnisse der drei Bereiche: Für die Analyse des Images der Schweiz im Ausland wurden die in den vorhergehenden Kapiteln im Detail präsentierten Imagestudien durchgeführt. Die Stärken und Schwächen der Schweiz werden ständig beobachtet und auf ihre Kommunikationstauglichkeit und Relevanz für ein spezifisches Zielpublikum überprüft. Schliesslich muss immer wieder sichergestellt werden, dass die kommunizierten Stärken nicht in einem Widerspruch zum Bild stehen, das die Schweizerinnen und Schweizer von ihrem Land haben.

Im Kapitel 8 wird anhand des konkreten Beispiels China gezeigt, wie die Schweiz Landeskommunikation in der Praxis betreibt. Zuerst wird Präsenz Schweiz, die Schweizer Organisation für Landeskommunikation, vorgestellt. Anschliessend wird die Bedeutung Chinas für die Schweiz und die Herausforderungen für die Landeskommunikation skizziert. Darauf folgt die Darstellung der Strategie der Schweizer Landeskommunikation in China. Die konkrete Umsetzung wird im nächsten Kapitel geschildert. Den Schluss bilden Erläuterungen zur Evaluation der Aktivitäten der Landeskommunikation.

8.1 Portrait von Präsenz Schweiz[130]

Präsenz Schweiz ist die Drehscheibe des Bundes für die Wahrnehmung und den Auftritt der Schweiz im Ausland. Gegründet im Jahr 2000, vermittelt Präsenz Schweiz weltweit landeskundliche Informationen über die Schweiz, sorgt durch gezielte Aktivitäten für die Wahrnehmung der schweizerischen Vielfalt und Attraktivität im Ausland und schafft durch die Bildung von Netzwerken im In- und Ausland Verständnis und Sympathie für die Schweiz.

Dieser Auftrag ist im Bundesgesetz über die Pflege des schweizerischen Erscheinungsbildes vom 24. März 2000 (SR 194.1) und der Ausführungsverordnung vom 25. Oktober 2000 (SR 194.11) festgehalten und bildet die Rechtsgrundlage von Präsenz Schweiz. Ihren Auftrag erfüllt die Organisation über die Kommunikation von Schweizer Stärken, die in der «Story Schweiz»[131] festgelegt sind. Zielpublikum von Präsenz Schweiz sind heutige und zukünftige ausländische Meinungsführende aus Politik, Wirtschaft, Wissenschaft, Kultur, Medien und Bildung.

Bis Ende 2008 war Präsenz Schweiz eine dezentrale Verwaltungseinheit, einer ausserparlamentarischen Kommission[132] unterstellt und nur administrativ ins Eidgenössische Departement für auswärtige Angelegenheiten (EDA) eingebunden. Per 1. Januar 2009 wurde Präsenz Schweiz gemäss der vom Parlament am 3. März 2008 verabschiedeten Gesetzesrevision ins EDA integriert; die Kommission wurde aufgelöst.

Für das Jahr 2008 betrug das Budget der Organisation für die Landeskommunikation 10 Millionen Franken, wovon 1.5 Millionen Franken für die Auftritte der Schweiz an den Weltausstellungen 2008 in Zaragossa und 2010 in Shanghai reserviert waren. Präsenz Schweiz verfügt über 14 Vollzeitstellen und finanziert projektspezifisch zusätzliches Personal über das reguläre Budget. Aufgrund der knappen finanziellen und personellen Ressourcen nimmt Präsenz Schweiz ihren Auftrag – wo immer sinnvoll – gemeinsam mit

---

[130] Gemäss www.presence.ch und Präsenz Schweiz Factsheet.

[131] Die «Story Schweiz» beinhaltet das für die Schweiz entwickelte Stärkenprofil und definiert das Bild der Schweiz, das Präsenz Schweiz im Ausland kommunizieren will. Für detaillierte Informationen vgl. http://www.story.presence.ch.

[132] In der Kommission Präsenz Schweiz waren die Bundeskanzlei, die vier Departemente EDA, Eidgenössisches Departement des Innern (EDI), Eidgenössisches Departement für Verteidigung, Bevölkerungsschutz und Sport (VBS) sowie das Eidgenössische Volkswirtschaftsdepartement (EVD) vertreten, ferner die Kantone sowie die wichtigsten Akteure der Schweizer Landeskommunikation in Wirtschaft, Bildung & Forschung, Kultur, Jugend, Medien, Sport und Tourismus. Der Kommission oblagen zum einen Verwaltungsratsaufgaben, zum anderen diente sie als Koordinationsorgan für die Auftritte der Schweiz im Ausland.

weiteren Partnern wahr. Die wichtigsten Partner sind das Staatssekretariat für Bildung und Forschung, Pro Helvetia[133], Schweiz Tourismus, Osec Business Network Switzerland[134], Swiss Olympic Association, SRG/Swissinfo und ch Jugendaustausch.[135]

8.2 Fokussierung der Landeskommunikation auf Schwerpunktländer

Präsenz Schweiz fokussiert ihre Aktivitäten auf so genannte Schwerpunktländer. In diesen Ländern sucht sie eine Steigerung der Aufmerksamkeit für die Schweiz über die gängigen Klischees hinaus zu erreichen und den Aufbau nachhaltiger Beziehungen und Kontakte zu ermöglichen.

Der Begriff des Schwerpunktlandes umfasst zwei Gruppen[136]: Länder, die aus politischer, kultureller, wirtschaftlicher, wissenschaftlicher und/oder touristischer Sicht für die Schweiz von Bedeutung sind, werden als «permanente Schwerpunktländer» bezeichnet. «Ad-hoc-Schwerpunktländer» sind hingegen Länder, in denen die Schweiz aufgrund eigener Interessen oder aufgrund der Teilnahme an einem nationalen oder internationalen Ereignis während eines beschränkten Zeitraums einen Schwerpunkt setzen will. Die Schwerpunktländer wurden bis Ende 2009 von der Kommission Präsenz Schweiz, ab 2010 vom Schweizer Bundesrat festgelegt.

In der Regel führt Präsenz Schweiz in einem Schwerpunktland vorgängig eine Imagestudie durch, um das Bild der Schweiz im entsprechenden Land zu erheben.[137] Darauf aufbauend werden die Ziele festgelegt, die durch die Landeskommunikation erreicht werden sollen. Die Ziele werden mittels Projekten vor Ort, Studien- und Medienreisen sowie der Abgabe von Informationsmitteln aktiv verfolgt. Für die Periode 2008 bis 2010 wurden Deutschland, Frankreich, Italien und Österreich sowie Grossbritannien, USA, China und Indien als permanente Schwerpunktländer von Präsenz Schweiz bestimmt.

---

133 Schweizer Kulturstiftung.

134 Aussenwirtschaftsförderungsorganisation der Schweiz.

135 Schweizer Stiftung für Austausch zwischen Schüler/-innen, Lehrlingen, jungen Berufsleuten und Lehrpersonen.

136 Gemäss Beschluss der Kommission Präsenz Schweiz vom 5. Juli 2001.

137 Für einen Überblick über die bislang durchgeführten Imagestudien vgl. Kapitel 2.

8.3 Das Schwerpunktland China

8.3.1 Die Bedeutung Chinas für die Schweiz[138]

Die Volksrepublik China ist seit 2001 permanentes Schwerpunktland von Präsenz Schweiz. Darin widerspiegelt sich Chinas grosse Bedeutung weltweit und für die Schweiz: Seit den von Deng Xiaoping lancierten Reformen im Jahr 1978 verzeichnete China eine rasante Entwicklung und ist im 21. Jahrhundert eine politische und wirtschaftliche Weltmacht mit Ambitionen nicht nur auf regionaler, sondern auch auf internationaler Ebene. Diese wachsende Bedeutung manifestiert sich nicht zuletzt im gestiegenen Selbstbewusstsein Chinas; ein Ausdruck davon waren die – erfolgreichen – Kandidaturen von Peking und Shanghai als Austragungsorte für die Olympischen Sommerspiele 2008 bzw. für die Weltausstellung 2010.

China zählt zu den Schwerpunktländern der Schweizer Aussenpolitik. Die beiden Länder verbindet eine langjährige Zusammenarbeit: So gehörte die Eidgenossenschaft zu den ersten westlichen Ländern, welche die Volksrepublik China am 17. Januar 1950 anerkannten. Regelmässig finden politische Dialoge statt, beispielsweise im Gebiet der Menschenrechts- oder Migrationspolitik.

Die wirtschaftlichen Beziehungen haben sich seit den 80er Jahren intensiviert und seit 2002 gehört die Volksrepublik zu den wichtigsten Handelspartnern der Schweiz in Asien: Als eines der vier so genannten BRIC-Länder[139] entwickelt sich China äusserst dynamisch. Im Jahr 2008 zählte die Volksrepublik zu den grössten Empfängern ausländischer Direktinvestitionen, ist zur viertgrössten Wirtschaftsmacht der Welt aufgestiegen und verfügte über eine in absoluten Zahlen sehr grosse kaufkräftige Mittelschicht. Schweizer Unternehmen interessieren sich für China als Produktionsstätte und Exportmarkt. Der Schweizer Tourismus hat die kaufkräftige Mittelschicht der Volksrepublik insbesondere als Gäste für den Sommertourismus entdeckt.

Für den Übergang vom Bauern- zum Industriestaat betrachtet die chinesische Führung Forschung und Entwicklung als zentrale Elemente und lässt die Ausgaben für Forschung darum noch stärker wachsen als die Wirtschaft. Dementsprechend rasch holt die Volksrepublik in den Bereichen Wissenschaft und Technologie auf: Mit 2,4 Millionen Universi-

---

138 Die folgenden Ausführungen stützen sich auf den Aussenpolitischen Bericht, Juni 2007. S. 5535 ff.

139 Jim O'Neill, Chefvolkswirt bei Goldman Sachs, führte diese Kategorisierung für die vier Länder Brasilien, Russland, Indien und China im Jahre 2001 erstmals ein. Gemeinsam ist diesen vier Ländern, dass sie jährlich wirtschaftliche Zuwachsraten im Bruttosozialprodukt von 5 bis 10 Prozent verzeichnen. O'Neill, J (2001) 'Building Better Global Economic BRICs'. Global Economics Paper von Goldman Sachs, 66, 30 November. Siehe auch *Neue Zürcher Zeitung* vom 26. März 2008, S. 23.

tätsabsolventen im Jahr 2006 verfügte China über mehr Universitätsabgänger als die drei anderen diesbezüglich führenden Länder USA, Japan und Frankreich zusammen.[140] Im Jahr 2007 stiegen weitere sechs chinesische Universitäten in die Liga der 500 besten Universitäten des Academic Ranking of World Universities auf, wo damit insgesamt 14 chinesische Universitäten vertreten waren.[141] Entsprechend interessiert sich die Schweizer Wissenschaft für eine engere Zusammenarbeit in Bildung und Forschung.

Mit der rasanten Industrialisierung steigt Chinas Nachfrage nach Energie und Ressourcen stark an; es entwickeln sich beträchtliche soziale und regionale Ungleichheiten. Nur wenige Fortschritte sind im Bereich der Rechtsstaatlichkeit oder der Menschenrechte zu verzeichnen.

Die Ziele der Schweizer Aussenpolitik in China lassen sich folgendermassen zusammenfassen:

- Verstärkung der politischen Partnerschaft sowohl auf der bilateralen wie auf der multilateralen Ebene, um China gegenüber den Vorteilen der Rechtsstaatlichkeit und Demokratie zu sensibilisieren.
- Intensivierung der wirtschaftlichen Beziehungen mit China.
- Aufbau und Entwicklung der Zusammenarbeit in den Bereichen Bildung, Forschung und Innovation.
- Entwicklung einer Zusammenarbeit zwischen den beiden Ländern in Bezug auf Fragen des Umweltschutzes und effizienter Energienutzung.

Zu diesen Zielen kann die Landeskommunikation einen wichtigen Beitrag leisten, zumal sich in den Jahren 2008 bis 2010 im Reich der Mitte mehrere Plattformen für Landeskommunikation anbieten: Im Jahr 2008 fanden in Peking die Olympischen Sommerspiele statt. Im Jahr 2010 wird der 60. Jahrestag der diplomatischen Beziehungen Schweiz - China begangen und die Weltausstellung in Shanghai öffnet ihre Tore; am 29. März 2006 beschloss der Bundesrat die Teilnahme der Schweiz und beauftragte Präsenz Schweiz mit der Durchführung des Schweizer Auftrittes.[142]

Der Status von China als Schwerpunktland von Präsenz Schweiz wurde darum bis mindestens 2010 verlängert.

---

[140] UNESCO (2007): Education Counts. Benchmarking Progress in 19 WEI Countries, Montreal.

[141] Academic Ranking of World Universities 2007, Institute of Higher Education, Shanghai Jiao Tong University. Peking setzt für seine wirtschaftliche Zukunft auf Forschung, Neue *Zürcher Zeitung*, 28. Mai 2008.

[142] Botschaft des Bundesrates über die Teilnahme der Schweiz an der Weltausstellung 2010 in Shanghai, 8. Juni 2007.

Gleichzeitig massen auch die meisten Partnerorganisationen von Präsenz Schweiz der Volksrepublik ein grosses Gewicht bei: So sucht Pro Helvetia mit ihrem Kulturprogramm «China 2008 – 2010» den kulturellen Austausch zwischen Schweiz und China zu fördern. Im August 2008 eröffnete das Staatssekretariat für Bildung und Forschung in Shanghai das Schweizer Haus für wissenschaftlichen Austausch Swissnex. Die Osec betrieb seit längerem einen Business Hub in Peking.

8.3.2 Herausforderungen für die Landeskommunikation in China

Für die Schweizer Landeskommunikation stellten sich in China mehrere Herausforderungen:

Die Volksrepublik nutzt die beiden Grossveranstaltungen der Olympischen Sommerspiele in Peking 2008 und der Weltausstellung in Shanghai 2010, um der Welt zu zeigen, was für ein fortschrittliches Land China sei.[143] Für China steht folglich seine eigene Landeskommunikation im Zentrum; das Interesse für die Landeskommunikation anderer Staaten und damit auch der Schweiz ist sekundär. Für die Schweizer Landeskommunikation bedeutet dies, dass die konkreten Interessen Chinas an einer Zusammenarbeit mit der Schweiz berücksichtigt werden müssen. Nur so lassen sich Anknüpfungspunkte und damit Aufmerksamkeit für die Schweiz finden

Zudem steht jedes Land, das seine Beziehungen mit der Volksrepublik China vertiefen will, vor der schwierigen Frage, wie mit den Themen Menschenrechte, Demokratie und Rechtsstaatlichkeit umzugehen ist. Noch stärker stellt sich diese Frage für die Landeskommunikation, insbesondere in Zusammenhang mit den Auftritten der Schweiz an den beiden Grossveranstaltungen. Denn der Landeskommunikation droht von Seiten der Schweizer Innenpolitik der Vorwurf, sich gegenüber den Machthabern anzubiedern und die Missstände auszublenden. Der Auftritt der Schweizer Landeskommunikation in China wird von der Innenpolitik kritisch beobachtet, was sich beispielsweise in der politischen Diskussion um die entsprechenden Finanzierungsbeschlüsse niederschlug.

Schliesslich ist die Schweiz aufgrund der wachsenden Bedeutung Chinas lediglich eines unter vielen Ländern, die ihre Beziehungen mit der Volksrepublik ausbauen und vertiefen wollen. So treffen sich beispielsweise diverse EU-Länder zum regelmässigen Austausch mit Peking. Länder wie die USA oder Frankreich führen millionenschwere Imagekampagnen in China durch. An den Olympischen Sommerspielen 2008 in Peking waren viele

143 Ingrid d'Hooghe (2008): Into High Gear: China's Public Diplomacy, in: The Hague Journal of Public Diplomacy, 3, S. 37 – 61.

Länder mit so genannten National Houses[144] präsent. Wegen dieser grossen, häufig finanziell potenteren Konkurrenz besteht für die Schweizer Landeskommunikation die Gefahr, wenig beachtet zu werden und im Fahrwasser der EU zu verschwinden.

Folglich muss die Schweizer Landeskommunikation koordiniert, einheitlich und innovativ auftreten, sich von den anderen Ländern zu unterscheiden suchen und gezielt Nischen besetzen, um überhaupt wahrgenommen zu werden.

8.4 Strategie des Programms der Schweizer Landeskommunikation in China

8.4.1 Vorgehensweise und Programmorganisation

Die beiden Grossveranstaltungen Olympische Sommerspiele 2008 in Peking und Weltausstellung 2010 in Shanghai werden, wie in Kapitel 8.3.1 geschildert, auch von anderen Ländern als Plattformen für die Landeskommunikation genutzt. Die Auftritte der Schweiz mussten darum eine kritische Masse erreichen; zudem sollten sie in ein mehrjähriges Programm eingebettet werden, um Konstanz und Ernsthaftigkeit des Schweizer Engagements in China zu signalisieren.

Das Programm der Schweizer Landeskommunikation in China umfasst drei Teile, das «House of Switzerland» an den Olympischen Sommerspielen 2008 in Peking, den Schweizer Pavillon an der Weltausstellung 2010 in Shanghai sowie ein interdisziplinäres Rahmenprogramm (vgl. Abbildung 46).

144 Die «National Houses» sind von einzelnen Ländern organisierte Begegnungsstätten an den Olympischen Sommerspielen, die sich je nach nationalem Konzept stark voneinander unterscheiden.

Abbildung 46: Dreiteiliger Auftritt der Schweizer Landeskommunikation in China unter einem Dach

Schweizer Pavillon an der Expo 2010 Shanghai

House of Switzerland 2008, China

Interdisziplinäres Rahmenprogramm

Schweiz.

Ein solches mehrjähriges, interdisziplinär ausgestaltetes Programm einschliesslich der Auftritte der Schweiz an den beiden Grossveranstaltungen erfordert beträchtliche finanzielle Mittel, die die Ressourcen von Präsenz Schweiz übersteigen. Daher wurde entschieden, das China-Programm zusammen mit Partnerorganisationen und mit Unternehmen aus der Privatwirtschaft anzugehen. Einerseits konnten damit die Aktivitäten der zum Teil ebenfalls bundesfinanzierten Organisationen gebündelt und zusätzliche Netzwerke und Ressourcen bereit gestellt werden. Andererseits brachte diese Vorgehensweise einen erhöhten Koordinationsbedarf mit sich; dem war umso mehr Beachtung zu schenken, als die Analyse der Ausgangslage die Wichtigkeit eines einheitlichen und koordinierten Auftritts betont hatte. Zudem schränkte es den Handlungsspielraum der Landeskommunikation ein, da Partnerorganisationen und Sponsoren ihre eigenen Wünsche und Bedürfnisse in das Programm einbrachten.

Als Startschuss für das mehrjährige China-Programm 2007–2011 berief Präsenz Schweiz im Mai 2006 eine erste Sitzung vor Ort ein. Nebst Vertretern der Schweizerischen Botschaft in Peking und des Generalkonsulates in Shanghai nahmen daran Repräsentanten des Staatssekretariats für Wirtschaft SECO, der Osec, von Pro Helvetia, Schweiz Tourismus und der Gesellschaft Schweiz - China teil. Dabei wurden die strategische Stossrichtung des Programms sowie dessen Schwerpunkte festgelegt, die Rollenaufteilung und die Zuständigkeitsbereiche definiert sowie finanzielle Fragen wie jene des Sponsorings geklärt.

Aus dem ersten Treffen vor Ort ging eine breit abgestützte «Steering Group China» hervor, in der die Partnerorganisationen sowie die wichtigsten Sponsoren vertreten waren.[145] Die Steering Group legte die Gesamtstrategie, -kommunikation und -finanzierung des Programms fest.

Präsenz Schweiz übernahm folgende Rolle: Ihr oblag die strategische, finanzielle und operative Projektleitung der Schweizer Auftritte an den Olympischen Sommerspielen in Peking mit dem «House of Switzerland» und dem offiziellen Schweizer Pavillon an der Weltausstellung in Shanghai. Sie koordinierte die Aktivitäten der Partner in Bezug auf das Rahmenprogramm, organisierte eigene Projekte und Studienreisen und stellte entsprechende landeskundliche Informationsmittel bereit. Zudem besorgte Präsenz Schweiz das Sekretariat der Steering Group und war für die Betreuung der Sponsoren verantwortlich (vgl. Abbildung 47).

Abbildung 47: Projektorganisation des Auftritts der Schweizer Landeskommunikation in China

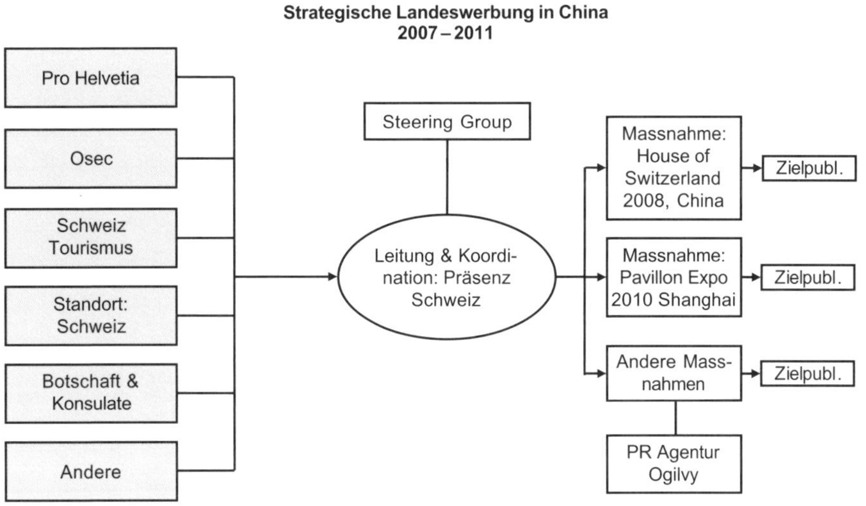

[145] In der Steering Group hatten Vertreter aus folgenden Partnerorganisationen und Firmen Einsitz: EDA, SECO, SBF / Swissnex Shanghai, OSEC, Präsenz Schweiz, Pro Helvetia, Schweiz Tourismus, Gesellschaft Schweiz - China, Generis AG, Holcim Group Support Ltd., Nestlé.

8.4.2 Ziele und Zielpublikum

Die Studie zur Wahrnehmung der Schweiz in China zeigte, dass die Schweiz in China über ein positives – allerdings etwas entrücktes – Image verfügt (vgl. hierzu die Ausführungen in Kapitel 7). Spontane Assoziationen mit der Schweiz umfassten die Uhrenindustrie, die schöne Landschaft, die Neutralität oder die Schokolade. Bekannt waren das Internationale Genf und die Neutralität der Schweiz. Weniger vertraut zeigten sich die Chinesen mit der kulturellen Vielfalt der Schweiz, der Schweizer Architektur oder dem Bildungsstandort Schweiz.

Abbildung 48: Hauptziele und Wirkungsziele der Schweizer Landeskommunikation in China

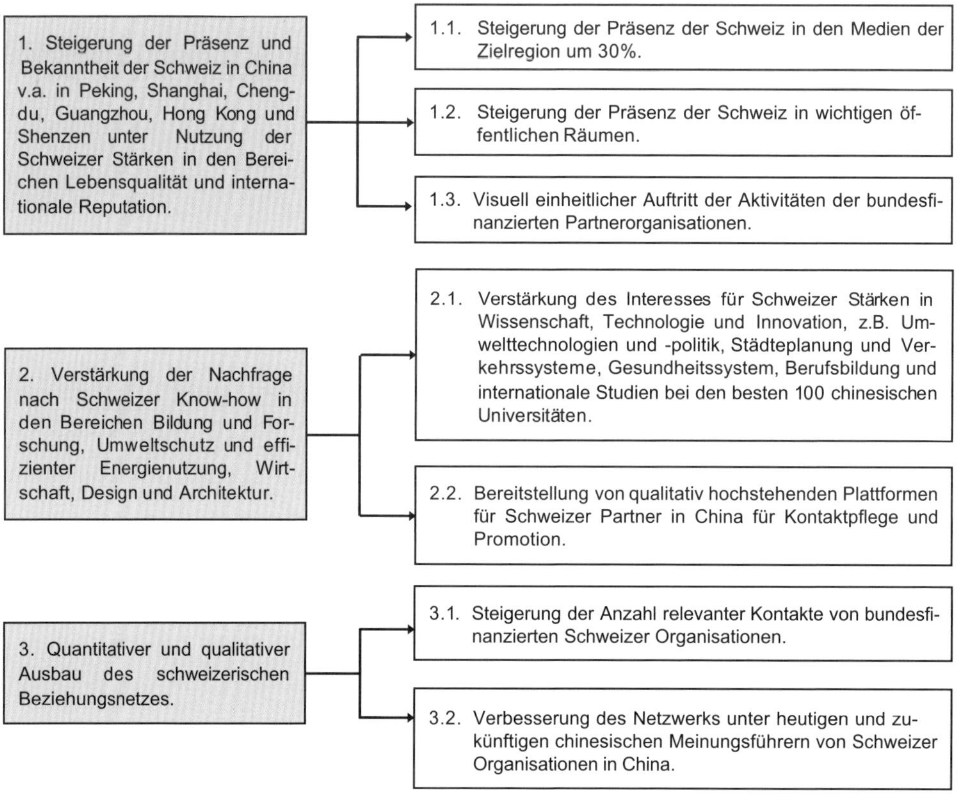

Im Vergleich mit den Ländern Deutschland und den USA schnitt die Schweiz bezüglich politischer Stabilität, hoher Lebensqualität, Reiseziel, Freundlichkeit der Einwohner, Umweltbewusstsein sowie Internationaler Reputation besser ab. Diese Dimensionen können als Stärken des Images der Schweiz in China bezeichnet werden. Umgekehrt erzielten Deutschland und die USA bezüglich internationaler Wettbewerbsfähigkeit, innovativer Produkte, hohen Bildungs- und Forschungsniveaus sowie Produkten von Weltklassequalität bessere Werte als die Schweiz; diese Bereiche sind die Schwächen des Images der Schweiz in China.

Folglich bestand hier Handlungsbedarf, umso mehr, als die Schweiz ihre Position in genau diesen Bereichen in China verstärken will.

Dementsprechend wurden für die Landeskommunikation in China folgende drei Ziele festgelegt:

1. Steigerung der Präsenz und Bekanntheit der Schweiz in China v. a. in Peking, Shanghai, Chengdu, Guangzhou, Hong Kong und in Shenzen unter Nutzung der Schweizer Stärken in den Bereichen Lebensqualität und Internationale Reputation.
2. Steigerung des Interesses von Seiten Chinas nach Schweizer Know-how in den Bereichen Bildung und Forschung, Umweltschutz und effizienter Energienutzung, Wirtschaft, Design und Architektur.
3. Quantitativer und qualitativer Ausbau des schweizerischen Beziehungsnetzes.

Die drei Hauptziele waren allgemein gehalten und wurden weiter präzisiert, um griffige Kriterien für die Auswahl der Massnahmen zu erhalten und die Zielerreichung konkret messen zu können. Die anschliessende Darstellung zeigt, wie dabei vorgegangen wurde.

Als primäres Zielpublikum wurden Studierende, Forschende und Lehrkörper von Topuniversitäten sowie Medienschaffende definiert. Letztere dienen als wichtige Multiplikatoren, da die öffentliche Meinungsbildung und damit auch das Image der Schweiz in China von offiziellen Quellen wie Medien und Behörden massgeblich geprägt wird. Als sekundäres Zielpublikum wurden Meinungsführende aus Politik, Wirtschaft und Kultur bestimmt. Schliesslich richteten sich das «House of Switzerland» und der Pavillon an der Expo in Shanghai auch an die wohlhabende Mittelschicht insbesondere aus den Regionen Peking und Shanghai.

8.4.3 Massnahmen

Kommunikation

In China treten verschiedene Partnerorganisationen unter dem Dach der Schweizer Landeskommunikation auf. Ein einheitlicher und koordinierter Auftritt aller Aktivitäten der Partnerorganisationen und eine entsprechend kohärente Ausrichtung der inhaltlichen

Aussagen und des visuellen Auftritts sind darum von grosser Wichtigkeit, damit die diversen Aktivitäten als *ein* Programm wahrgenommen würden. Dementsprechend wurde diesem Ziel ein grosses Gewicht beigemessen (vgl. Wirkungsziel 1.3 in Abbildung 48).

Abbildung 49: Inhaltliche Ausrichtung der Schweizer Landeskommunikation in China

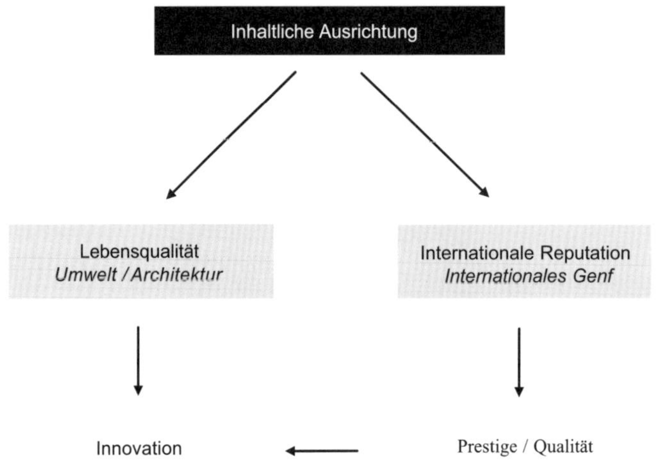

Das gesamte Landeskommunikationsprogramm wurde folglich von einer umfassenden, einheitlichen Kommunikationskampagne begleitet: Ausgehend von den positiven Assoziationen der chinesischen Bevölkerung mit der Schweiz sollten mit der Darstellung von entsprechenden Schweizer Stärken die Schwächen und Informationsdefizite in der Wahrnehmung behoben werden. Konkret bedeutete dies, dass das chinesische Zielpublikum mit den bekannten Klischees im Bereich Lebensqualität (schöne Landschaft, intakte Umwelt) abgeholt und dann an Schweizer Stärken beispielsweise im Bereich Umwelttechnologien herangeführt wurde, dank derer in der dicht besiedelten Schweiz die Förderung und Pflege einer intakten Umwelt überhaupt möglich ist. So lässt sich Schweizer Innovation kommunizieren und damit eine Imageschwäche beheben (vgl. Abbildung 49).

Wichtiger Bestandteil der gemeinsamen Kommunikationskampagne war nicht nur der inhaltliche, sondern auch der einheitliche visuelle Auftritt. Dafür wurde zusammen mit einer Kommunikationsagentur vor Ort ein Erscheinungsbild (Corporate Design) für den Auftritt der offiziellen Schweiz im Ausland entwickelt, das allen Partnerorganisationen und Sponsoren zur Verfügung gestellt wurde. Das Schweizer Kreuz mit der Bezeichnung «Schweiz.» tritt dabei als Dachmarke auf, sorgt für grössere Sichtbarkeit der Aktivitäten und steigert den Wiedererkennungswert (vgl. Abbildung 50). Die Aktivitäten der Partnerorganisationen wurden so in die Kampagne integriert; die Partnerorganisationen übernahmen damit die Rolle von Multiplikatoren für die Schweizer Landeskommunikation.

Abbildung 50: Dachmarke «Schweiz.»

瑞 士

Ressourcen

Wie in Kapitel 8.4.1 dargelegt, spielten private Firmen als Sponsoren im Programm eine wichtige Rolle, da ein so gross angelegtes Programm ohne zusätzliche externe finanzielle Mittel nicht durchführbar war.

Die Sponsoren wurden in verschiedene Kategorien aufgeteilt: Premium Partner, Gold Partner, Silber Partner, Premium Supplier und Supplier. Zu den Premium Partnern gehörten Holcim, Nestlé, Swatch Group und Swiss International Airlines. Die wichtigsten zwei Sponsoren Holcim und Nestlé erhielten aufgrund ihres überdurchschnittlich hohen finanziellen Engagements ab Beginn der Gesamtkommunikationskampagne zusätzlich Einsitz in der Steering Group und konnten dadurch Einfluss auf die Gesamtstrategie des Programms nehmen.

Jede Kategorie war in Bezug auf das Geld-, Sach- und/oder Dienstleistungsengagement der Unternehmen und den daraus abzuleitenden Gegenleistungen und Nutzungsrechten genau definiert. Je nach Kategorie und Vertragsausgestaltung beinhaltete dies unter anderem die Mitgestaltung der Programm-Meilensteine, Zutritt zu den einzelnen Programmplattformen zur Nutzung für Networking- und Werbeaktivitäten und/oder Produktpräsentationsmöglichkeiten.

Diese Ausführungen zeigen, dass die Sponsoren im Gegenzug für ihre finanzielle Unterstützung konkrete, dem Ausmass der Unterstützung entsprechend abgestufte Leistungen verlangten, die in Verträgen genau definiert wurden. Die Betreuung der Sponsoren war aufwändig und band Ressourcen über mehrere Jahre hinweg.

8.5 Umsetzung

8.5.1 Rahmenprogramm

Der Fokus des interdisziplinären Rahmenprogramms liegt auf den Themen Architektur, Umweltschutz, Bildung und Wissenschaft. Für den Zeitraum 2007 bis 2011 sind 50 bis 60 Veranstaltungen und Projekte in China geplant, mit denen die drei Ziele der Schweizer Landeskommunikation in China erreicht werden sollen (vgl. Kapitel 8.4.2):

1. Steigerung der Präsenz und Bekanntheit der Schweiz in China;
2. Steigerung des Interesses von Seiten Chinas nach Schweizer Know-how;
3. Ausbau des schweizerischen Beziehungsnetzes.

Unten stehende Zusammenstellung enthält in tabellarischer Form eine Auswahl von Massnahmen, die in den Jahren 2007 und 2008 im Hinblick auf die Ziele 1 und 2 durchgeführt wurden (vgl. Tabelle 11). Diese Massnahmen tragen jeweils auch zu Ziel 3 bei, da Beziehungen nur in Zusammenhang mit konkreten Aktivitäten geknüpft und gepflegt werden können. Beispielsweise boten Empfänge bei der Vorführung des Films The Alps oder Anlässe für hochkarätige Meinungsführende im Vorfeld der Ausstellung Roger Pfund wichtige Plattformen für die Beziehungspflege sowohl der staatlichen wie auch der privaten Akteure mit ihren chinesischen Partnern.

Die Zusammenstellung zeigt, welche Wirkungsziele mit welchen Massnahmen bei welchem Zielpublikum erreicht werden sollten, was das Thema war und welche bekannten Stärken der Schweiz dabei als Türöffner genutzt wurden.

Tabelle 11: Übersicht über die Ziele und Massnahmen der Schweizer Landeskommunikation in China

Wirkungsziele	Massnahmen	Zielpublikum	Thema	Türöffner
1.1. Steigerung der Präsenz der Schweiz in den Medien der Zielregion um 30%.	Delegation chinesischer Medienschaffender in die Schweiz, Mai 2007	Medienschaffende	Einführung in das Programm der Schweizer Landeskommunikation in China und Bekanntmachung mit der Schweiz	Hohe Lebensqualität: Tourismusdestination Schweiz
2.1. Verstärkung des Interesses für Schweizer Stärken in Wissenschaft, Technologie und Innovation.	Ausstellung Inventioneering Architecture, «Urban Planning Exhibition Centre» in Shanghai, April 2007	Studierende und Lehrpersonen von Topuniversitäten Medien	Schweiz als hervorragender Bildungsstandort in den Bereichen Architektur und Städteplanung	Internationale Reputation: Vorträge von berühmten Schweizer Architekten und Kooperation mit der ETH
	Holcim-Forum für nachhaltiges Bauen, Tongji Universität in Shanghai, April 2007	Forschende und Studierende von Topuniversitäten Politiker/-innen	Schweizer Know-how im Bereich der nachhaltigen Bauweise	Hohe Lebensqualität
	Broschüre: «Clean Energy for all – The Swiss Way»	Forschende und Studierende von Topuniversitäten Politiker/-innen	Schweizer Know-how im Bereich der Umwelttechnologien	Hohe Lebensqualität
	Projekt und Broschüre «Campus and Research Park Switzerland»	Studierende und Lehrpersonen von Topuniversitäten Studierende	Bildungsstandort Schweiz	Hohe Lebensqualität
	Ausstellung und Studienreise zu Roger Pfund, Today Art Museum in Peking, Mai 2008	Medienschaffende Meinungsführende	Schweizer Innovationskraft im Bereich Design und Sicherheit	Internationale Reputation: Roger Pfund als Designer von Pässen und Banknoten
	Ausstellung zu Albert Einstein, Peking, Shanghai, Guangzhou und Hongkong, 2009 und 2010	Forschende und Studierende von Topuniversitäten Meinungsführende	Schweizer Errungenschaften im Bereich der Wissenschaft	Internationale Reputation: 130. Geburtstag von Albert Einstein
2.2. Bereitstellung von qualitativ hochstehenden Plattformen für Schweizer Partner in China für Kontaktpflege und Promotion.	Vorführungen des Films «The Alps»	Meinungsführende Partner von Sponsoren	Hohe Umweltschutz-Standards der Schweiz	Hohe Lebensqualität

Einen besonderen Stellenwert im Rahmenprogramm hat die umfangreiche Albert-Einstein-Ausstellung, die das Historische Museum Bern, Präsenz Schweiz und das Swissnex Shanghai/SBF mit Unterstützung von Sponsoren aus der Privatwirtschaft in den Jahren 2009 und 2010 in China präsentieren werden. Der Physiker, Humanist und Schweizer Bürger Albert Einstein geniesst in China höchstes Ansehen; es kann darum mit einem grossen Interesse für die international bereits stark beachtete Ausstellung des Historischen Museums Bern über Albert Einstein gerechnet werden. Darauf aufbauend sollen Studierende, Professoren und Behörden mit den Stärken des Forschungs- und Bildungsstandorts Schweiz vertraut gemacht werden.

Als Ausstellungsorte sind die neuen Science-Museen bzw. Science-Centers in Shanghai, Guangzhou und Hongkong sowie das National Art Museum of China in Peking vorgesehen. Chinesische Schätzungen gehen von 500000 bis 800000 Besuchern pro Ausstellungsort aus.

8.5.2 «House of Switzerland» an den Olympischen Sommerspielen in Peking 2008

Mit den Olympischen Sommerspielen 2008 in Peking fand in China ein internationales Ereignis statt, das wie nur wenige andere Grossveranstaltungen auf der ganzen Welt beachtet wird. Wie bereits an den Winterspielen in Turin 2006 und an den Sommerspielen in Athen 2004 betrieb Präsenz Schweiz darum auch in Peking ein so genanntes «House of Switzerland».

Im Unterschied zu den meisten anderen Nationenhäusern an den Olympischen Spielen war das «House of Switzerland» zugänglich für die breite Öffentlichkeit (vgl. Abbildung 51). Es suchte die Präsenz und die Bekanntheit der Schweiz in China zu steigern und verstand sich als Ort der Begegnungen für Entscheidungsträger aus Wirtschaft und Politik. Dem Schweizer Olympiateam diente es als Treffpunkt und wurde in Zusammenarbeit mit der Eidgenossenschaft, den Partnern und Swiss Olympic für Empfänge, Kundenpflege, Medienkonferenzen sowie Medaillenfeiern genutzt. Das Schweizer Fernsehen war mit einem TV-Studio vertreten. Insgesamt verfolgte das «House of Switzerland» die Ziele 1 und 3 der Strategie der Landeskommunikation in China.

Abbildung 51: Das «House of Switzerland» 2008 in Peking

Das «House of Switzerland» befand sich in Pekings aufstrebendem Kulturviertel Dashanzi im Nordosten Pekings. Thematisch setzte es den Schwerpunkt auf die Schweizer Lebensqualität und zeigte die Vielfalt und Schönheit der Schweiz und die Innovationskraft ihrer Industrie. Im Restaurant (vgl. Abbildung 52) wurden den Gästen typische Schweizer Speisen serviert. Im Expo-Park präsentierten führende Unternehmen aus der Schweiz ihre Produkte und Dienstleistungen.

Wie bei früheren vergleichbaren Auftritten arbeitete Präsenz Schweiz dabei wiederum mit einer schweizerischen Tourismusdestination zusammen, diesmal mit Luzern. Das Gesamtbudget des «House of Switzerland» in China betrug 4,6 Millionen Franken. Davon übernahm Luzern Tourismus mit ihren Wirtschaftspartnern und Beiträgen der öffentlichen Hand einen Anteil von rund 3 Millionen Franken.

Mit 4000 m^2 war das «House of Switzerland» 2008 in China das grösste offizielle Schweizer Haus, das je von der Schweiz für die Olympischen Spiele eingerichtet wurde, und verzeichnete mit 123 788 Besuchern einen riesigen Publikumserfolg.

Im Ausstellungsteil, dem so genannten Exhibition-Park, präsentierten sich zwölf führende Schweizer Unternehmen mit jeweils einem eigenen Stand. Sie nutzten die Plattform, um im chinesischen Markt bestehende Beziehungen zu festigen und wichtige neue Kontakte zu knüpfen.

Abbildung 52: Das Restaurant im «House of Switzerland»

Das 100 Personen fassende Restaurant im «House of Switzerland» war täglich von 11.00 bis 02.00 Uhr morgens geöffnet und stand sämtlichen Besuchern auch ohne Voranmeldung zur Verfügung. Für sportliche Unterhaltung sorgten Grossbildschirme, die Schweizer Fernsehprogramme und Live-Übertragungen der Olympischen Spiele zeigten. Für die Schweizer Athleten war das «House of Switzerland» ein gern besuchter Treffpunkt.

Die Piazza mit rund 600 m^2 diente als Begegnungszone (vgl. Abbildung 53). Auf der Piazza fanden regelmässig grössere Veranstaltungen der Partner statt. Daneben wurde auch Live-Unterhaltung geboten. Bekannte Musiker sorgten für eine schweizerische Atmosphäre.

Die abgetrennte VIP-Zone befand sich im hinteren, ruhigen Teil des Hauses (vgl. Abbildung 54). Das Restaurant mit 160 Plätzen gewährte ausschliesslich VIP-Gästen Zutritt.

Das «House of Switzerland» fand in China und in den chinesischen Medien eine hohe Beachtung: In den Ratings der Medienberichte wurde es als Nummer 1 der internationalen Gästehäuser aufgeführt. In der chinesischen Presse wurden über 220 Artikel publiziert. Zusätzlich erschienen 14 Fernsehbeiträge, darunter auch ein Beitrag in der grössten Fernsehstation Chinas: CCTV.

Aber auch die ausländischen Medien, z. B. die Frankfurter Allgemeine Zeitung, berichteten positiv über das «House of Switzerland» in Peking.

Abbildung 53: Die Piazza im «House of Switzerland»

Abbildung 54: Die VIP-Zone im «House of Switzerland»

8.5.3 Weltausstellung in Shanghai

Die Schweizer Teilnahme an der Weltausstellung Expo 2010 Shanghai bildet einen weiteren Höhepunkt des Programms der Schweizer Landeskommunikation in China. An der Expo werden 70 Mio. Besucher und über 200 teilnehmende Länder und Organisationen erwartet; als Ausstellungsmotto legte die Expo-Leitung das Thema «Better City, Better Life» fest.

Der Auftritt der Schweiz unter der Leitung von Präsenz Schweiz widmet sich dem Unterthema der Expo «Interaction between rural and urban areas» und zeigt, wie die Schweiz mit den sich daraus ergebenden Spannungsfeldern in den Bereichen Luftqualität, nachhaltiges Bauen, Wasserqualität und Mobilität umgeht.

Das Gewinnerprojekt des zweistufigen Wettbewerbs der Arbeitsgemeinschaft Buchner, Bründler, Element nutzt die bekannten Assoziationen Lebensqualität und Umweltschutz als Anknüpfungspunkte und Türöffner: Über eine Blumenwiese fährt ein Sessellift, der die Besucherinnen und Besucher aus der Schwere der Stadt hinaus in die Luftigkeit der Natur mitnimmt. Das Publikum begegnet damit einer Schweiz, die ihr vertraut ist. Der Pavillon selber (vgl. Abbildung 55) nutzt innovative Technologien, beispielsweise bezüglich der biologisch abbaubaren Solarfassade, um Nachhaltigkeit in Bau und Betrieb zu demonstrieren. Im Pavillon werden anhand der Schweizer Stärken in Umwelttechnologien, Städteplanung und Architektur mögliche Verbindungen zwischen Technik und Natur, zwischen urbanem Raum und Naturnähe aufgezeigt und damit die Innovationskraft der Schweiz belegt. Das Expo-Gelände liegt auf beiden Seiten des Huangpu-Flusses und umfasst 3.22 km^2. Die Fläche des Schweizer Pavillons beträgt 4000 m^2. Die Pavillons müssen durch die Teilnehmer selbst gebaut werden.

Abbildung 55: Aussenansicht (links) und Innensicht (rechts) des Pavillons

8.6 Evaluation

In Zeiten der wirkungsorientierten modernen Verwaltungsführung erwarten Politik und Öffentlichkeit, dass auch die Landeskommunikation die Leistungen, die Wirkungen und die Wirtschaftlichkeit ihrer Aktivitäten ausweisen und daraus Lehren für künftige Aktivitäten ziehen kann. Allerdings ist es im Bereich der Landeskommunikation oftmals schwierig, direkte Ursachen-Wirkungs-Ketten zu etablieren. Täglich sendet nämlich jedes Land zahlreiche, oft auch widersprüchliche Signale; die Landeskommunikation macht davon nur einen kleinen Teil aus.

Auf diese Herausforderung antwortet Präsenz Schweiz, indem sie mittels Indikatoren zum einen ihre Aktivitäten evaluiert und zum anderen die dadurch erzielte Wirkung beim Zielpublikum beurteilt. Dabei ist eine angemessene Mischung von quantitativen und qualitativen Indikatoren wichtig. Die Indikatoren werden entsprechend dem Ziel und der Massnahme definiert und die Methode der Informationserhebung festgelegt. Eine kleine Auswahl von Indikatoren findet sich in unten stehender Tabelle:

Tabelle 12: Auswahl an Indikatoren und Methoden der Informationserhebung

Indikatoren	Ergebnisse
Anzahl und Qualität der Besucher/-innen	• Rund 10'000 Personen an der Ausstellung • V. a. Studierende und Dozierende von den Universitäten in Shanghai und Umgebung • Fachpublikum von zwischen 50 bis 120 (Finissage) Personen an den vier Abendvorträgen von Schweizer Architekten
Ausmass und Qualität der Medienberichterstattung	• 132 Berichte zur Ausstellung in Medien mit nationaler Abdeckung, 42% davon längere Reportagen • Mehrheitlich positive Berichterstattung, übrige neutral • Bilder in über 27% der Berichte • In ca. 60% der Berichte Darstellung der Schweiz in Zusammenhang mit Innovation und Architektur
Anzahl und Qualität von Folgeveranstaltungen und -kooperationen.	• Direkte kommerzielle Auswirkungen; z. B. Zusammenarbeit zwischen einer in Shanghai ansässigen Baufirma mit Schweizer Architekt/innen.
Anzahl und Qualität der Beziehungspflege	• Festigung der bestehenden Beziehungen zu den Universitätsleitungen • Neue Kontakte zu Studierenden und Dozierenden • Kontakte mit bzw. zwischen in Shanghai arbeitenden Architekt/innen mit «Schweizer Erfahrung» bzw. «Interesse an der Schweiz»
Qualität der Ausstellung	• Positive Beurteilung durch die an der Vernissage anwesenden Behördenvertreter, u. a. Direktor des Shanghai Foreign Affairs Office • Positive Beurteilung durch die Besucherinnen und -Besucher • Viel Mund-zu-Mund-Propaganda und persönliche Weiterempfehlungen • Die Ausstellung wurde mindestens 100 000 Mal fotografiert

Im Folgenden wird die Evaluation anhand der Auswertung der Wanderausstellung Inventioneering Architecture in Shanghai vom 6. bis zum 20. April 2007 exemplarisch erläutert: Mit der Darstellung des Berufsbildungssystems der Schweiz suchte die Ausstellung das Interesse für Schweizer Stärken in Wissenschaft, Technologie und Innovation zu verstärken (Wirkungsziel 2.1) und unterstützte die Schweizer Organisationen vor Ort in ihrer Beziehungspflege (Wirkungsziel 3.2). Mit Hilfe der Indikatoren wurden die notwendigen Informationen erhoben, so dass die Wirkung dieser Massnahme beurteilt werden konnte (vgl. Tabelle 13).

Tabelle 13: Evaluation der Ausstellung Inventioneering Architecture 2007 in Shanghai

	Indikatoren	Methode der Informationserhebung
Wirkung	• Anzahl und Qualität der Teilnehmer/-innen	• Erhebung der Teilnehmer/-innen • Einschätzung der Bedeutung der Teilnehmer/-innen durch Vertretung / Veranstaltung
	• Ausmass und Qualität der Berichterstattung der Zielmedien über die Massnahmen	• Medienmonitoring
	• Anzahl und Qualität von Folgeveranstaltungen und -kooperationen	• Befragung der Veranstalter • Erhebung der Anfragen
	• Anzahl Kontakte und Qualität der Beziehungspflege	• Beurteilung durch Vertretung bzw. Veranstalter
Wirkung/ Massnahme	• Anzahl und Qualität der Veranstaltungen, Studienreisen und Beziehungsplattformen	• Zentrale Erhebung • Befragungen der Besucher, Teilnehmer, Partnerorganisationen & Sponsoren
Massnahme	• Anzahl und Umfang der Sponsoren	• Zentrale Erhebung
	• Ausmass und Qualität der Zusammenarbeit mit Partnerorganisationen und Sponsoren	• Erhebung und Umfragen bei Partnerorganisationen & Sponsoren

Die Wirtschaftlichkeit der Massnahmen lässt sich aus dem Verhältnis der investierten Mittel zur erzielten Wirkung beurteilen. Dabei müssen das Niveau des erreichten Zielpublikums – hochkarätige Meinungsführende vs. allgemeine Bevölkerung – und die Zielregion – Aktivitäten in London sind beispielsweise per se kostspieliger als solche in Delhi – berücksichtigt werden.

Ein weiterer wichtiger Faktor bei der Beurteilung der Wirtschaftlichkeit ist die Nachhaltigkeit der getroffenen Massnahmen: So kann es langfristig gewinnbringender sein, eine zukünftige Meinungsführerin im Bereich der Umwelttechnologien für eine thematisch ausgerichtete Studienreise in die Schweiz einzuladen, als mit einem vergleichsweise kostengünstigen Informationsmittel über die Schweizer Stärken im Bereich der Umwelttechnologien zu informieren. Im ersten Fall kann abgesehen vom Fachwissen eine emotionale Bindung zur Schweiz geschaffen werden, die im Idealfall Jahre überdauert. Umgekehrt ist es zu kostspielig, Leute in die Schweiz einzuladen, die später keine Schlüsselposition innehaben. Leute in Schlüsselpositionen wiederum verfügen über knappe zeitliche Kapazitäten und werden zudem oft von mehreren Ländern umworben. Für den Erfolg von Landeskommunikation ist die Auswahl des passenden Instruments für das angestrebte Zielpublikum darum von grosser Bedeutung.

8.7 Schlussbemerkungen

Studien über das Image der Schweiz im Ausland bilden eine zentrale Grundlage für die Arbeit von Präsenz Schweiz. Dank der fundierten Kenntnis von Stärken und Schwächen des Images der Schweiz im Ausland bei klar definierten Teilen der Bevölkerung kann Präsenz Schweiz gezielt Landeskommunikation betreiben, wie die Fallstudie China gezeigt hat. Nur so hat Landeskommunikation überhaupt eine Chance, vom Zielpublikum wahrgenommen zu werden. Denn wie aus den Ausführungen zu den Imagestudien hervorgegangen ist, ist staatlich betriebene Landeskommunikation bei weitem nicht die einzige Informationsquelle über ein Land. Vielmehr senden seine Politiker/-innen, seine Medien, seine Produkte und Dienstleistungen, seine Stellungnahmen in der internationalen Öffentlichkeit, seine Politik und das Verhalten seiner Bevölkerung im Ausland und gegenüber Ausländer/-innen tagtäglich unzählige Signale, die das Image des Landes im Ausland über Jahrzehnte hinweg prägen. Das Image eines Landes hat darum auch viel mit Glaubwürdigkeit zu tun, die ein Land sich über eine längere Dauer erwirbt und die verhältnismässig immun ist gegen simple Propaganda. Darin liegt mit ein Grund für die Stabilität und Langlebigkeit von Länderimages. Es wäre darum verfehlt, Imagestudien als allgemeine Erfolgskontrolle für die Wirkung von Landeskommunikation zu betrachten.

Landeskommunikation kann das Image eines Landes nur im Einklang mit den tatsächlichen Stärken des Landes nachhaltig verändern. Getreu der Losung "Taten sprechen mehr als Worte" bewirkt entsprechendes Handeln eines Landes über mehrere Jahre hinweg am meisten. Die Aufgabe von Landeskommunikation ist es, dafür zu sorgen, dass diese Taten beim interessierten und für das eigene Land bedeutsamen Zielpublikum auch wahrgenommen werden und das Image den tatsächlichen Stärken und Eigenheiten des Landes entspricht.

Literaturverzeichnis

Ahmed Z. U. et al. (2002): Country-of-origin and brand effects on consumers' evaluations of cruise lines in: International Marketing Review, Vol. 19, No 3 2002, S. 279–302.

Al-Sulaiti K.I.; Baker M.J. (1998): Country of origin effects: a literature review, in: Marketing Intelligence and Planning, Vol. 16, No 3 1998, S. 150–199.

Anholt S. (2008): The Anholt-GfK Roper Nation Brands Index^{SM} 2008 Report, September 2008.

Anholt S. (2006): The Anholt Nation Brands Index. Special report on Europe's international image, Q2 2006, plus an update on the status of Brand Danemark, in: Place Branding, Vol. 2, 3 2006, S. 263–270.

Anholt S. (2005): Some important distinctions in place branding, in Place Branding, Vol. 1, 2 2005, S. 116–121.

Anholt S.; Hildreth J. (2005): Aufstieg und Fall der Marke USA, Heidelberg 2005.

Bartikowski B.; Chandon J.-L.; Gierl H. (2006): Calibration internationale des échelles sémantiques in: Décisions Marketing, n 43–44 2006, S. 207–219.

Baughn C. C.; Yaprak A. (1993): Mapping Country-of-Origin Research: Recent Developments and Emerging Avenues, in: N. Papadopoulos und L. A. Heslop (Hrsg.), Product-Country Images: Impact and Role in International Marketing, New York 1993, S. 89–115.

Bilkey W. J.; Nes E. (1982): Country-of-origin effects on product evaluations, in: Journal of International Business Studies, 1982, S. 89–99.

Blichfeldt B. S. (2005): Unmanageable place brands?, in: Place Branding, Vol. 1, 4 2005. S. 388–401.

Brossard H. et. al. (1995): Comment défendre l'image «made in Switzerland»: le cas des services, in: Die Unternehmung, 1/95, S. 21–32.

Brunner J. A.; Flaschner A. B.; Lou X. (1993): Images and Events: China Before and After Tiananmen Square, in: N. Papadopoulos und L. A. Heslop (Hrsg.), Product-Country Images: Impact and Role in International Marketing, New York 1993, S. 379–400.

Bruning E. R. (1997): Country of origin, national loyalty and product choice: The case of international air travel, in: International Marketing Review, Vol. 14, No 1, 1997, S. 59–74.

Cordell V. V. (1992): Effects of Consumer Preferences for Foreign Sourced Products, in: Journal of International Business Studies, Vol. 23, Second Quarter 1992, S. 251–269.

Dinnie K. (2008): Nation Branding. Concepts, issues, practice, Oxford, UK 2008.

Fankhauser U. (1999): Länderimages als Parameter unternehmerischen Handelns, Dissertation an der Rechts- und Wirtschaftswissenschaftlichen Fakultät der Universität Bern, 1999.

Favre P. (2008): Country Case Insight – France. The new France – Breaking through the perception barrier, in Dinnie K., Nation Branding. Concepts, Issues, Practice, Oxford, UK, 2008, S. 239–242.

Feige S. et al. (2006): Positionierungspotenzial «Swissness», in Fachbericht für Marketing, Institut für Marketing und Handel, Universität St. Gallen, 2006/1.

Graby F. (1993): Countries as Corporate Entities in International Markets, in: N. Papadopoulos und L. A. Heslop (Hrsg.), Product-Country Images: Impact and Role in International Marketing, New York 1993, S. 257–283.

Heslop L. A. und Papadopoulos N. (1993): «But Who Knows Where or When»: Reflections on the Images of Countries and Their Products, in: N. Papadopoulos und L. A. Heslop (Hrsg.), Product-Country Images: Impact and Role in International Marketing, New York 1993, S. 39–75.

Jaffe E. D.; Nebenzahl I. D. (2006): National Image & Competitive Advantage. The Theory and Practice of Place Branding, second revised edition, Copenhagen, 2006.

Jaffe E. D. und Nebenzahl I. D. (1993): Global Promotion of Country Image: Do the Olympics Count?, in: N. Papadopoulos und L. A. Heslop (Hrsg.), Product-Country Images: Impact and Role in International Marketing, New York 1993, S. 433–452.

Jaffe E. D.; Nebenzahl I. D. (2001): National Image & Competitive Advantage: The Theory and Practice of Country-Of-Origin Effect, Copenhagen 2001.

Javalgi R. G.; Cutler B. D.; Winans W. A. (2001): At your service! Does country of origin research apply to services?, in Journal of services marketing, Vol. 15, no. 7 2001, S.565–582.

Johansson J. K. (1989): Determinants and Effects of the Use of «Made in» Labels, in: International Marketing Review, Vol. 6, 1 1989, S. 47–58.

Johnston Y. (2008): Developing Brand South Africa, in Dinnie K., Nation Branding. Concepts, Issues, Practice, Oxford, UK, 2008, S. 5–13.

Koob C. et al. (2004): Positionierungspotential «Swissness», persönlich November 2004, S. 91–93.

Kotler P.; Gertner D. (2002): Country as brand, product, and beyond: A place marketing and brand management perspective. Journal of Brand Management, 9, 4-5, S. 249–261.

Kotler P.; Haider D. H.; Rein I. (1993): Marketing Places: Attracting Investment Industry and Tourism to Cities, States and Nations, Free Press, New York, NY.

Kühn R. (1992): Das «Made in»-Image der Schweiz als strategischer Parameter, in: Die Unternehmung, Heft 4, 1992, S. 303–313.

Kühn R. (1991): Das Markenbild der Schweizer Wirtschaft in GfM-Jubiläumsstudie 1991: Image of Countries and Businesses, S. 5–17.

Kühn R.; Weiss Richard M. (2003): Swiss Branding – eine unternehmerische Perspektive, in: Die Volkswirtschaft, 6/2003, S. 55–59.

Kühn R.; Weiss M. (1998): Das Image eines «Made in ...» und seine Bedeutung für Marketing-Entscheide eines Unternehmens, in Marketing Journal 1/98, S. 16–98.

Kühn R.; Weiss M. (1997): Das «Made in»-Image der Schweiz im internationalen Vergleich, in: Die Volkswirtschaft – Das Magazin für WirtschaftsPolitik, Nr. 11/97, S. 12–20.

Kurz H. (1994): Exportwerbung. Strategie und Test österreichtypischer Markenpositionierung. Wien, 1994.

Kroeber-Riel W. (1992): Konsumentenverhalten, 5. Aufl., München.

Kunczik M. (1990): Images of Nations and International Public Relations, Bonn 1990.

Lebrenz S. (1996): Länderimages: Einflussfaktor und Bedeutung für das Konsumentenverhalten: eine empirische Studie bei langlebigen Gebrauchsgütern, Lohmar, Köln 1996.

Liefeld J. P. (1993): Experiments on Country-of-Origin Effects: Review and Meta-Analysis of Effect Size in: N. Papadopoulos und L. A. Heslop (Hrsg.), Product-Country Images: Impact and Role in International Marketing, New York 1993, S. 117–156.

Nebenzahl I. D.; Jaffe E. D. (1996): Measuring the Joint Effect of Brand and Country Image in Consumer Evaluation of Global Products, in: International Marketing Review, Vol. 13, 4 1996, S. 5–22.

Opinion Pieces (2006): How has place branding developed during the year that Place Branding has been in publication? in: Place Branding, Vol. 2, 1, S. 6–17.

Obermiller C.; Spangenberg E. (1989): Exploring the Effects of Country of Origin Labels: An Information Processing Framework, in: T. K. Srull (Hrsg.), Advances in Consumer Research, 16, Ann Arbor 1989, S. 454–459.

Olins, W. (2004): Marke, Marke, Marke. Den Brand stärken, Frankfurt 2004.

Olins W. (2002): Branding the Nation – the historical context. Journal of Brand Management, 9, 4–5, S. 241–248.

Pálsdóttir I. H. (2008): The case of»Iceland Naturally", in Dinnie K., Nation Branding. Concepts, Issues, Practice, Oxford, UK, 2008, S. 184–187.

Papadopoulos N. und Heslop L. (2002): Country equity and country branding: Problems and prospects. Journal of Brand Management, 9, 4-5, S. 294–314.

Papadopoulos N. (1993): What Product and Country Images Are and Are Not, in: Papadopoulos, N., Heslop, L. A., Product-Country Images: Impact and Role in International Marketing, International Business Press, New York, 1993, S. 3–38.

Pasquier M. (2008): The image of Switzerland: Between clichés and realities, in: Dinnie, K., Nation Branding. Concepts, Issues, Practice, Burlington, 2008, S. 79–84.

Samli A. C.; Grewal D.; Ericksen M. K. (1994): Importance of Product Information Cues to Global Marketing, in: S. S. Hassan und R. D. Blackwell (Hrsg.), Global Marketing Perspectives and Cases, Orlando 1994, S. 230–249.

Shaffer T. R.; O'Hara B. S. (1995): The effects of country-of-origin on trust and ethical perceptions of legal services, Service Industries Journal, Vol. 15, No 2 1995, S. 162–185.

Schooler R.D. (1965): Product Bias in the Central American Common Market, in: Journal of Marketing Research, Vol. 2, November 1965, S. 394–397.

Schweiger G.; Friederes G. (1994): Die emotionale Wirkung der Produktherkunft, in: Forschungsgruppe Konsum und Verhalten (Hrsg.), Konsumentenforschung, München 1994, S. 157–170.

Schweiger G.; Wusst C. (1988): Länderimageforschung: Theorie, Methoden und Anwendung, in: G. Schweiger (Hrsg.), Österreichs Image im Ausland, Wien 1988, S. 21–61.

Schweizerischer Bundesrat (1999): Botschaft über die Neuorientierung und Verstärkung der Koordinationskommission für die Präsenz der Schweiz im Ausland (KOKO), 1999 URL: http://www.admin.ch/ch/d/ff/1999/9559.pdf (Stand 4.10.2008).

Trommsdorff V. (1993): Konsumentenverhalten, 2. überarb. Aufl., Stuttgart u. a. 1993.

Tse D. K.; Gorn G. J. (1993): An Experiment on the Salience of Country-of-Origin in the Era of Global Brands, in: Journal of International Marketing, Vol. 1, Nr. 1. 1993, S. 57–76.

Usunier J.-C., Lee J. A. (2005): Marketing across cultures, Pearson Education, Essex, 4th edition, S. 215-316, S. 374–409.

Walsh G.; Wiedmann K-P. (2008): Branding Germany – Managing internal and external country reputation, in Dinnie K., Nation Branding. Concepts, Issues, Practice, Oxford, UK, 2008, S. 154–160.

Wally Olins (2004): Marke, Marke, Marke. Den Brand stärken, Campus Verlag, Frankfurt Main.

Wee C. H.; Lim D. T. E; Tan G. Y. W (1993): The Image of Countries as Locations for Investment, in: N. Papadopoulos und L. A. Heslop (Hrsg.), Product-Country Images: Impact and Role in International Marketing, New York 1993, S. 311–338.

Weiss Richard M.; Kühn R. (2004): Country-of-Origin Effekte. Bedeutung und Implikationen für das Internationale Marketing, in Zentes J, Morschett D. und Schramm-Klein H. (Hrsg.), Aussenhandel, Wiesbaden 2004, S. 407–429.

Weiss Richard M. (2003): Struktur und Stabilität von Landesimage, Haupt, Bern, Stuttgart, Wien.

Yersin N. (2007): Une analyse comparative de l'image de la Suisse dans sept pays, travail de mémoire MPA, Institut de hautes études en administration publique, Chavannes-près-Renens.